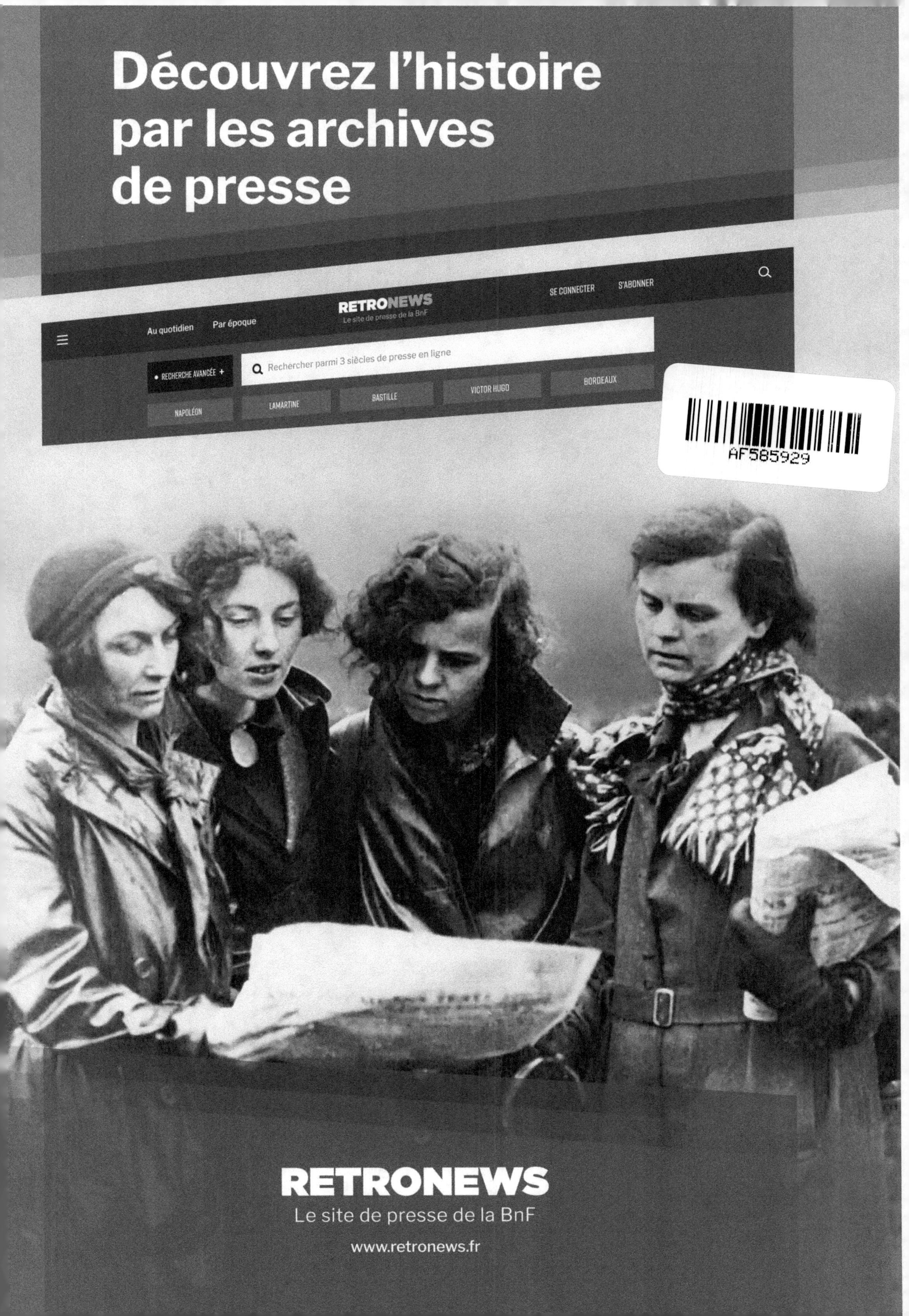

BULLETIN ET MÉMOIRES

DE LA

SOCIÉTÉ ARCHÉOLOGIQUE

DE BORDEAUX

Reconnue d'utilité publique par décret du 11 Mars 1915

TOME XLV

1928

BULLETIN TRIMESTRIEL

1e et 2e TRIMESTRES

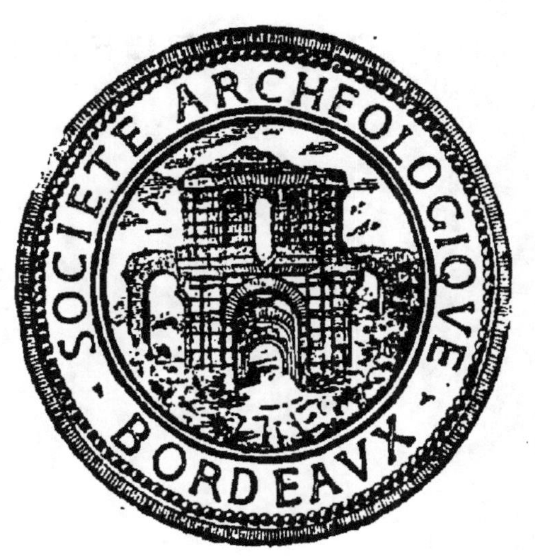

BORDEAUX

IMPRIMERIE BIÈRE

18, Rue du Peugue, 18

1931

SOCIÉTÉ
ARCHÉOLOGIQUE
DE BORDEAUX

SOCIÉTÉ ARCHÉOLOGIQUE DE BORDEAUX

Membres du Bureau pour 1927.

Présidents d'honneur	MM. de MENSIGNAC (C.), I. ✿.
	BARDIÉ (A.), I. ✿.
Président	M. NICOLAI (A). ✵ I. ✿ ✠
Vice-Présidents	MM. DUBREUILH (A).
	RICAUD (Th.), A. ✿.
Secrétaire général	M. CHARROL (Marcel), I. ✿.
Secrétaires adjoints	MM. BASTIDE (Ed)..
	KLIPSCH (Ch.).
Trésorier	M. TRIAL (P)
Archiviste	M. FERBOS (R.), I. ✿.
Conseillers	MM. RAMBIÉ(P.), I. ✿
	AMTMANN (Th.) I. ✿.
	COUDOL (J.), A. ✿.
	Dr BOUDREAU.
	MALVESIN (G.).
	MAZIAUD (G.)

Le Bureau se réunit le premier vendredi de chaque mois, à 8 heures 30 du soir, à l'Athénée, 53, rue des Trois-Conils.

La Société se réunit le deuxième vendredi de chaque mois, à la même heure et à la même adresse.

Secrétariat : à l'Athénée.

COMMISSION DES PUBLICATIONS

pour 1926

MM NICOLAÏ (A.) président .... } *Membres de droit*
CHARROL (M.) .... }
TRIAL (P.) .... }
BASTIDE E.), adjoint à la Commission...... }

RAMBIÉ (P.) .... } *Membres élus.*
DUBREUILH (A.) .... }
FERBOS (R.) .... }
LOIRETTE (G.) .... }

LISTE DES MEMBRES

DE LA

SOCIÉTÉ ARCHÉOLOGIQUE DE BORDEAUX

Au 15 décembre 1927

❋ Légion d'honneur. — I. Ⓠ Officier de l'Instruction publique. — A. Ⓠ Officier d'Académie. — ⚜ Mérite agricole. — ✠ Ordre étranger.

Bienfaiteurs.

Le Ministre de l'Instruction publique et des Beaux-arts.
Le Conseil général de la Gironde.
La Municipalité de Bordeaux.
MM. TRABUT-CUSSAC (H.)
FOURCHE (P.).

Donateurs.

Le Préfet de la Seine.
M. PIGANEAU (Emilien).

Membres titulaires. (1)

1920 ALAUX (Michel), architecte, rue Victoire-Américaine, 17.
1877 AMTMANN (Th.) (I. Ⓠ) négociant, cours de la Martinique, 68.
1927 ANSBERT-MAYAUDON (Félix), Quai Sainte-Croix, 14.
1927 ASTRUC (Daniel), hôtel de Lalande, rue Bouffard, 39.
1922 AUSCHITZKY (A.), avocat, rue Blanc-Dutrouilh, 12.
1906 AYMEN DE LAGEARD (marquis H.), château La Pierrière à Gardegan (Gironde).
1928 BALLAN DE BALLENSEC, artiste-peintre, à Rions (Gironde).
1920 BARATON (Commandant L.), rue d'Arcachon, 24.
1887 BARDIE (A.) I. Ⓠ, négociant, cours Georges-Clémenceau, 49.
1922 BARENNES (J.), archiviste-paléographe, boulevard Wilson, 307.
1927 BARETS (Fernand), relieur, cours Georges-Clemenceau, 43.
1913 BARRIERE (J.), instituteur, chemin de la Grande Rolande, 29, à La-Bastide.
1914 BASTIDE (Edmond), rue Minvielle, 24.
1913 BATZ (Dr de), boulevard Pierre Ier, 12.
1920 BERAUD (André), rue Elisée-Reclus, 20.
1912 BERAUD (Joseph), négociant, rue Sansas, 19.

(1) Le millésime qui précède chaque nom est la date d'entrée dans la Société.

1928 BERTAUD (Marc), rue de la Course, 101.
1928 BERTHELLOT (Marcel), avocat, rue de l'Eglise Saint-Seurin, 45.
1919 BERTRAND (H.), professeur à Saint-Genès, rue Julie, 2.
1909 BIGOT (U.), cours Tourny, 40 à Libourne.
1926 BIRON (Dom Reginald), curé de Dieulivol (Gironde).
1906 BLANC (Raymond), impasse des Tanneries, 15.
1900 BONNAL (L.), rue Saint-Rémi, 39.
1922 BONTEMPS (Léon), place de l'Oratoire, à Bègles.
1924 BORDESSOULES (Remy), rue des Faussets, 17.
1902 BOUCHON (Georges), ✻, ✪, ✠✠, rue de La Harpe, 46, Le Bouscat.
1908 BOUDIN (L.), rue Guillaume-Brochon, 2.
1909 BOUDREAU (Dr), rue du Commandant-Arnould, 77.
1907 BOURREC (Mme Camille), I. ✪, rue du Jardin-Public, 114.
1926 BROUILLARD (R.), impasse de la Paix, 4.
1909 BROUILLAUD (Ed.), rue Ambroise, 1.
1927 BROUSSEAU (M.), pharmacien, rue Mouneyra, 141.
1928 BOURBON-ORLEANS (princesse Françoise-Marie de), Emperors Gate, 42, Londres, S. W. 7.
1922 BULIT (Roger), contrôleur des Contributions directes à Vannes (Morbihan).
1924 CADIS (L.), ingénieur à la compagnie du Midi, rue Fieffé, 88.
1897 CADORET (Y.), rue de l'Eglise Saint-Seurin, 4.
1922 CAILLIER (R.), avocat, rue du Commandant-Arnould, 60.
1917 CALVET (Em.), rue d'Aviau, 22.
1918 CALVET (René), place Bardineau, 1.
1898 CAPELLE (A.), peintre, rue de Brac, 33.
1912 CARAMAN (Paul), rue Pierre-Duhem, 55.
1926 CAVAILLE (Alfred), rue Capdeville, 2.
1928 CHABRELY (Gérard), avocat, rue Buhan, 2.
1928 CHALES (Louis), avocat, allées Damour, 62.
1924 CHAMINADE (Louis), rue Maleret, 27.
1906 CHAPON (G.), O. ✻, rue de Cheverus, 8.
1898 CHARBONNEAU (O.), ✪, pharmacien, rue du Palais-Gallien, 6.
1901 CHARROL (Marcel), I. ✪, rue de Lamourous, 18.
1924 CHAUVIN (M.), rue de l'Ormeau-Mort, 1.
1902 CHEDOR (H.), place Gambetta, 32.
1909 CONIL (Auguste), à Châtillon-sur-Chalaronne (Ain).
1896 CORBINEAU (E.), I. ✪, directeur de la colonie Saint-Louis par le Pont-de-la-Maye (Gironde).
1920 CORDIER (René), cours Pasteur, 40.
1895 COUDOL (J.), boulevard Wilson, 248.
1928 COULOMBIER (Robert), artiste-peintre, rue Barada, 16 bis
1903 CRUSE (Henry), cours du Pavé-des-Chartrons, 29.
1908 DAMAS (P.), avocat, place du Parlement, 3.
1907 DARLEY (R. P.), à Soulac (Gironde).
1922 DEJEAN (J.), pharmacien, rue Monselet, 31.
1908 DELOUBES (A.), rue Marcellin-Berthelot, à Bègles.
1926 DESARDURATS (V.), rue Colbert, 30.
1924 DESCAMPS (Mme), boulevard Beaumarchais, Paris, XVIe.
1911 DESPUJOLS (M.), propriétaire à La Brède (Gironde).
1921 DOUCET (Eug.), rue Judaïque, 170.
1924 DUBLANGE (E.), pharmacien, à Sainte-Foy (Gironde).
1907 DUBOIS (Mme J.), quai de Paludate, 53.
1921 DUBOIS (J.), château Ausone, à Saint-Emilion.

1896 DUBOIS (Abbé), curé d'Artigues, par Agen (Lot-et-Garonne).
1909 DUBREUILH (A.), pharmacien, à Andernos (Gironde).
1913 DUBROCA (M.), propriétaire à Cérons (Gironde).
1927 DUCASSE (J.), juge de paix, à La Calle (Algérie).
1919 DUCOS (L.), rue Saint-Remy, 15.
1926 DUSOLIER (Docteur E.), médecin-chef du camp de Châlons (Marne)
1905 DUVAL (Gaston), rue François-de-Sourdis, 27.
1927 DUVIGNEAU (R. H.), allées Damour, 28.
1925 ESCUDEY (Abbé), curé-doyen à Monségur (Gironde).
1927 ESCURIER (Jean), rue François-de-Sourdis, 41.
1912 ETCHART (E.) A. 🙰, instituteur, rue Feaugas, 35.
1906 FAGET (Louis), ✠, député, cours du Maréchal-Galliéni, 86, à Talence.
1908 FARGEAUDOUX (J.), A. 🙰, rue d'Ornano, 116.
1913 FAUCHE (abbé), à Toulenne (Gironde).
1910 FERBOS (René), I. 🙰, ✠, quai des Chartrons, 62.
1910 FERET (Ch.), libraire-éditeur, rue de Grassi, 9.
1907 FERMAUD (Henri), rue Renière, 28.
1922 FERRET (P.), architecte, rue Tivoli, 14.
1922 FERRUS (Maurice), publiciste, 191, rue du Tondu.
1917 FERY D'ESCLADS (Comte), Château de Paillet (Gironde).
1920 FEUR (M.), cours de l'Yser, 61.
1891 FLOS (Paul), rue Maucoudinat, 7
1926 FONSALES (H.), notaire, rue Charles-Monselet, 28.
1908 FONTAN (E.), I. 🙰, rue d'Arcachon, 21.
1926 FORTON (René), avenue Thiers, 371.
1927 FORTON (Dr Paul), rue Vital-Carles, 38.
1927 FURT (Léonce), artiste-peintre, rue Fondaudège, 71.
1923 GARDE (A.) propriétaire à Saint Denis-de-Pile (Gironde).
1923 GAUBAN (O.), avocat, cours Pasteur, 65.
1913 GAUDIN (Abbé), curé de Saint-Laurent-Médoc (Gironde).
1923 GENVRE (H.), industriel, cours de Verdun, 16.
1874 GERVAIS (E.), O. ✲, I. 🙰, architecte, rue Judaïque, 62.
1913 GONFREVILLE (L.), cours du Pavé-des-Chartrons, 55.
1924 GOUYAS (A.), maire de Saint-Antoine (Gironde).
1913 GOUNOUILHOU (Marcel), ✲, rue de Cheverus, 8.
1918 GRENIER (Am.), villa Babeyrotte, Le Fleix (Dordogne).
1928 GUERIN (Dr Robert), quai des Chartrons, 22.
1928 GUIBERT (Guillaume), cours Balguerie-Stuttenberg, 149.
1925 GUICHARD (E. B.), avenue Thiers, 238.
1910 GUILLIER-DAUBAN (C.), O. ✲, ✠✠, château du Graveron, à Pineuilh (Gironde).
1897 GUILLOT (G.). , domaine du Pacha, à Beautiran (Gironde).
1909 GUILLOT DE SUDUIRANT (G.), rue Foy, 10.
1896 HALPHEN (Edm.), ✲. I. 🙰, rue Chauveau-Lagarde, 6, à Paris.
1919 HOLAGRAY (G.), Le Castel, chemin Roul, 73, à Talence.
1911 IMBERT (Dr A.), O. ✲, rue du Palais-Gallién 75.
1928 JACMART (Maurice), rue Lechapellier, 4.
1922 JOURDE (Raoul), architecte, rue d'Eyzines, 31.
1884 JULLIAN (Camille), C. ✲., I. 🙰., de l'Académie Française et de l'Académie des Inscriptions et Belles-Lettres, 30, rue Guynemer à Paris.
1912 KLIPSCH (Ch.), cours de la Martinique, 11.
1896 LABRIE (Abbé), I. 🙰, curé de Frontenac (Gironde)

1912 LABROUSSE (P.), avocat, rue Donissan, 61.
1926 LACORRE (M.), notaire à Cenon (Gironde).
1926 LACORRE (Mme), à Cenon (Gironde).
1925 LACOTE (François), rue Saint-Joseph, 29.
1924 LAFAGE (L.), chirurgien-dentiste, rue Judaïque, 105.
1924 LAFON (L.), photographe, rue Sainte-Catherine, 75.
1900 LAFUGE (Armand), rue Notre-Dame, 134.
1926 LALOUBIE (de), rue Amiral-Courbet, 11, au Bouscat (Gironde).
1893 LAMARTINIE (chanoine), place Saint-Martial, 14.
1924 LANNELUC-SANSON (Antoine), propriétaire à Bourg-sur-Gironde.
1927 LANOIRE (Ed.), conseiller à la Cour d'appel, villa Primerose, Le Vigean-Eyzines.
1923 LAPEYRERE (M.), propriétaireà Castets (Landes).
1928 LAPORTERIE (Robert), cours Tournon, 2.
1927 LATOUR (H. de), rue Victoire-Américaine, 3.
1887 LAWTON (Edouard), quai des Chartrons, 94.
1887 LEGLISE (abbé), curé de N.-D. de Lourdes du Cypressat, à Bordeaux-Bastide.
1889 LELIEVRE (chanoine), I. ✪, archiviste diocésain, rue Thiac, 30.
1927 LEPRONT (René), 6, place Decazes, à Libourne (Gironde).
1892 LEWDEN, O. ✵, lieutenant-colonel en retraite, domaine de Picat, à Villegouge (Gironde).
1913 LICHTWITZ (Henri), 66, avenue Carnot, à Caudéran (Gironde).
1926 LOIRETTE (Gabriel), I. ✪, archiviste de la Gironde, rue d'Aviau, 13.
1921 LOMBARD de SERVAN (X.), ✵, route du Médoc, 395.
1926 LOZE (abbé Joseph), curé de Petit-Palais (Gironde).
1918 MALVESIN (Geo), rue Adrien-Baysselance, 6.
1921 MANCEAU (C.), ingénieur, place de la Bourse, 13.
1906 MANHES (Georges), cours de Verdun, 55.
1920 MARQUASSUZAA (R.), rue François-de-Sourdis, 27.
1907 MARONNEAUD, cours de l'Intendance, 51.
1927 MASSART (Gaston), rue Servandoni, 44.
1907 MAXWELL (Sam), ✵, avocat à la Cour d'appel, rue Lafaurie-de-Monbadon, 3.
1909 MAYDIEU (L.), rue Thiac, 48.
1921 MAZIAUD (Gaston), rue Ligier, 27.
1908 MENGEOT (A.), ✵, I. ✪, cours Victor-Hugo, 85.
1875 MENSIGNAC (Camille de), (I. ✪), conservateur des musées préhistoriques, des armes et des antiques, rue Eugène Ténot, 80.
1927 MEYNARD (A.), médecin-vétérinaire, impasse Hustin, 3.
1927 MEYNARD (Mme), impasse Hustin, 3.
1893 MILLER (Omer), artiste-peintre, rue de Nuits, 19.
1922 MINVIELLE (F.), rue Mathieu, 16.
1928 MONMEJA (André), avocat, rue de la Course, 119.
1910 MONTRE (E.), rue Montesquieu, 4.
1925 MOREAU (abbé J.), vicaire à Saint-Laurent-de-Médoc (Gironde).
1893 MORICE (Gaston), rue Fondaudège, 118.
1920 MORIN (Fernand), Aux Barbereaux, par Sainte-Foy-la-Grande (Gironde).
1928 MORTIER (René), rue de l'Eglise Saint-Seurin, 175.
1919 MOUGNEAU (Dr Roger), ✪, ✠, rue David-Johnston, 142.
1903 MOUNASTRE-PICAMILH (M.), librairie, rue Porte-Dijeaux, 45.
1882 Musée Lapidaire, rue Mably, 1.
1919 MYRE-MORY (J. de La), place des Quinconces, 17.
1928 NADAU (Max), avocat, rue Ravez, 1.

1922 NEUVILLE (M.), rue Tastet, 29.
1893 NICOLAI (Alexandre), ✻, I. ✪, avocat, juge de paix à Saint-André-de-Cubzac (Gironde).
1900 PELAIN (Pierre), château Saint-Leu, à Artigues (Gironde).
1921 PERNET (Roger), 73, cours Tourny, à Libourne.
1915 PEYNEAU (Dr), à Mios (Gironde).
1909 PIERREDON (Mademoiselle de), A. ✪, au château de Puisseguin (Gironde).
1924 PLOUX (L.), rue Bergeret, 1.
1928 RAMARONY (Charles), avocat, rue du Professeur-Demons, 15.
1899 RAMBIE (Pierre), ✻, I. ✪, secrétaire général de la Chambre de commerce, à la Bourse.
1899 RAVEAU (A.), I. ✪, à Lussac-les-Châteaux (Vienne).
1928 REBEYROL (R.), ✻, avocat, rue Pocquelin-Molière, 37 bis.
1911 REBSOMEN (A.), I. ✪, place Pierre-Lafitte, 1.
1924 REDEUILH (H.), rue de Bègles, 30.
1910 RICAUD (Th.), I. ✪, cours d'Alsace-Lorraine, 65.
1927. RICHÉ (Et.), explorateur. maire de Frontenac (Gironde).
1918 ROUDEL (Aug.), industriel, passage Grenier, 2.
1904 ROUSSELOT (Ernest), chemin de Pessac, 317.
1917 ROYER (R. P.), rue Toussaint, 53, à Angers (Maine-et-Loire).
1928 SAUBOLE (Louis), rue Sainte-Catherine, 102.
1927 SAUVEROCHE (J.), rue Théodore-Ducos, 46.
1922 SERECH D'AVRIMONT DE SAINT-AVIT (du), rue de l'Eglise-Saint-Seurin, 16.
1907 SOULA (E.), rue de la Course, 105.
1923 TAUZIAC (P.), commerçant à Montcaret (Dordogne).
1926 TISSEIRE (Louis), rue Notre-Dame, 30.
1923 TOSCANNE (P.), archéologue, à Saint-Denis (Seine).
1918 TOUCHARD (G.), cours d'Aquitaine, 80.
1917 TRIAL (Pierre), rue Duplessy, 14.
1907 TROCHON (Louis), à Branne (Gironde).
1907 VIGUIE (René), rue Mouneyra, 189.
1918 VOGÉE-DAVASSE (Mme), avocat, rue des Trois-Conils, 61.
1881 WETTERWALD (C.), cours Saint-Louis, 110.

Services faits aux dépôts publics.

ARCHIVES DÉPARTEMENTALES, rue d'Aviau, 13.
ARCHIVES MUNICIPALES, à l'Hôtel de Ville.
BIBLIOTHEQUE MUNICIPALE, rue Mably, 1.

Membres honoraires français.

BABELON (Ernest-Charles-François), ✻, membre de l'Académie des Inscriptions et Belles-Lettres, rue de Verneuil, 30, à Paris.
BÉGOUEN (comte), membre du Comité des travaux historiques à Toulouse.
BLANCHET (A.), membre de l'Institut, à Paris.
BREUIL (Abbé H.), Institut de Paléontologie, Paris.
CAILHAT (Chanoine), aumônier du Lycée à Montauban.
CAPITAN (Dr), ✻, I. ✪, vice-président de la Comm. des mon. mégalithiques rue des Ursulines, 8, à Paris.

CARSALADE DU PONT (Mgr. de), I. ✪, évêque de Perpignan.

CHARMES (Xavier), C. ✵, I. ✪, membre de l'Académie des sciences morales et politiques, rue Bonaparte, 17, à Paris.

CHATELAIN (L.), chef du Service des Antiquités du Maroc.

COUTIL (Léon), ancien président de la Société préhistorique, aux Andelys (Eure).

DUMAS DE RAULY (A.), A. ✪, à Montauban.

ESPÉRANDIEU (Ct), membre de l'Institut, à Nîmes (Gard).

FONTENILLES (Paul de), ✠, A. ✪, inspecteur général de la Société française d'Archéologie, à Montauban.

GONSE (Louis), directeur de la *Gazette des Beaux-Arts*, rue Favart, 8, à Paris.

LEFEVRE-PONTALIS (E.), professeur à l'Ecole des Chartes à Paris.

LUNET DE LA JONQUIERE (commandant), professeur à l'Ecole française d'Extrême-Orient.

MEQUENEM (Robert de), directeur de la Mission des fouilles de Susiane, rue Dauphine, 12, à Paris.

NORMAND (Ch.), directeur de l'*Ami des monuments*, rue des Martyrs, 51 à Paris.

OMONT (H.), membre de l'Institut, à Paris.

PERROT (Georges), G. O. ✵, secrétaire perpétuel de l'Académie des Inscriptions et Belles-Lettres, à Paris, rue Cassini, 1.

POINSSOT (L.), directeur des Arts et Antiquités de la Régense de Tunis.

POTTIER (chanoine), I. ✪, fondateur et président de la Société archéologique de Tarn-et-Garonne.

PROU (M.), membre de l'Institut, directeur de l'Ecole des Chartes à Paris.

TRABUT-CUSSAC, rue Fondaudège, 108, à Bordeaux.

VACHON (Marius), membre du Conseil supérieur de l'Enseignement technique, à Vauvillers (Haute-Saône).

Membres honoraires étrangers.

GROSS (D.), membre de plusieurs Sociétés savantes, à Neuveville (Suisse).

HILDEBRAND, premier conservateur du Musée royal d'Archéologie, à Stockholm.

LYUBIE (Professeur), président de la Société d'Archéologie de Croatie, directeur du Musée, à Agram (Zagreb).

PIGORINI, directeur del Muséi préhistorico, etnografico Kircheriano.

SCHMIDT (Waldemar), professeur à l'Université de Copenhague, directeur du Musée royal.

Sociétés correspondantes en France.

Agen .... Société des Sciences et Arts.
Alais .... — Scientifique et Littéraire.
Amiens .... — des Antiquaires de Picardie.
Angoulême .... — Archéol. et Historique de la Charente.
Auch .... — Archéol. du Gers.
Autun .... — Eduenne des Lettres, Sciences et Arts.

Avesnes	— Archéologique.
Avignon	Académie de Vaucluse.
Bayonne	Société des Sciences, Lettres et Arts.
Beauvais	— Académique d'Archéologie, Sciences et Arts de l'Oise.
Beauvais	— des Etudes Hist. et Scien. de l'Oise.
Belfort	— d'Emulation.
Besançon	— d'Emulation du Doubs.
Béziers	— Archéol., Scientifique et Littéraire.
Béziers	— Archéol., Scientifique et Littéraire.
Bone (Algérie)	Académie d'Hippone.
Bourges	Société des Antiquaires du Centre.
Brive	— Scientifique, Historique et Archéol. de la Corrèze.
Caen	— Française d'Archéologie.
Cahors	— des Etudes Littéraires, Scientifiques et Artistiques du Lot.
Carcassonne	— des Arts et Sciences.
Châlons-sur-Marne	— d'Agriculture, Commerce, Sciences et Arts de la Marne.
Châlon-sur-Saone	— d'Histoire et d'Archéologie.
Chambéry	— Savoisienne d'Hist. et d'Archéologie.
Chartres	— Archéologique d'Eure-et-Loire.
Chateaudun	— Dunoise d'Archéol., Hist., Sciences et Arts.
Chateau-Thierry	— Historique et Archéologique.
Constantine (Algérie)	— Archéologique.
Dax	— de Borda.
Constantine (Algérie)	— Archéologique.
Dax	— de Borda.
Digne	— Scientifique et Litt. des Basses-Alpes.
Dijon	Commission des Antiquités de la Côte-d'Or.
Draguignan	Société d'Etudes Scientifiques et Archéol.
Guéret	Société des Sciences naturelles et Archéologiques de la Creuse.
Langres	— Historique et Archéologique.
La Rochelle	Académie des Belles-Lettres, Sciences et Arts.
Le Havre	Société Havraise d'Etudes diverses.
Le Mans	— Historique et Archéol. du Maine.
Le Puy	— d'Agriculture, Sciences, Arts et Commerce.
Lille	Commission Histor. du département du Nord.
Limoges	Société Archéol. et Histor. du Limousin.
Lyon	— Littéraire, Historique et Archéol.
Marseille	— Archéologique de Provence.
Meaux	— Littéraire et Historique de la Brie.
Melun	— d'Archéologie, Sciences et Arts de Seine-et-Marne.

Montauban	— Archéologique de Tarn-et-Garonne.
Montpellier	— Archéologique.
Nancy	— d'Archéologie Lorraine.
Nantes	— Archéologique.
Narbonne	Commission Archéologique.
Nice	Société des Lettres, Sciences et Arts des Alpes-Maritimes.
Orléans	— Archéologique et Historique.
Paris	Bibliographie des travaux des Soc. savantes.
»	Bulletin Archéologique du Comité des Travaux historiques et scientifiques
»	— historique et philologique du Comité des Travaux historiques et scientif
»	Société d'Anthropologie.
»	Musée Guimet, Annales.
»	Revue de l'hist. des religions.
»	Association pour l'encouragement des Etudes grecques.
»	Société de l'Hist. de Paris et de l'Ile de France
»	Bibliothèque de l'Ecole des Chartes.
»	Journal des Savants.
»	Société des Etudes historiques.
»	Répertoire d'art et d'archéologie.
»	Société Nationale des Antiquaires de France.
....	— Française des Fouilles archéologiques.
....	Rapports de la Caisse des recherches scientifiques.
Pau	Société des Sciences, Lettres et Arts.
Périgueux	— Historique et Archéologique.
Poitiers	— des Antiquaires de l'Ouest.
Quimper	— Archéologique du Finistère.
Rambouillet	Société Archéologique.
Rennes	— Archéologique d'Ille-et-Vilaine.
Rodez	— des Lettres, Sciences et Arts de l'Aveyron.
Rouen	Commission des Antiquaires de la Seine-Inf.
»	Société libre d'Emulation du Commerce et de l'Industrie.
Saint-Brieuc	— d'Emulation des Côtes-du-Nord.
»	— Archéologique, Historique des Côtes-du-Nord.
Saint-Dié	— Philomatique Vosgienne.
Saint-Germain	— Musée National.
Saint-Malo	Société Historique et Archéologique.
Saint-Omer	— des Antiquaires de la Morinie.
Saintes	— des Archives Historiques.
Sens	— Archéologique.
Soissons	— Archéologique, Historique et Scient.

Toulouse	Société Archéologique du Midi.
»	Annales du Midi.
Tours.......................	Société Archéologique de Touraine.
Troyes	— Académique d'Agriculture, Sciences Arts et Belles-Lettres de l'Aube.
Vannes	— Polymathique du Morbihan.

Sociétés correspondantes étrangères.

Agram (Croatie)	Société Archéologique Croate.
Anvers	Académie royale d'Archéologie de Belgique.
Bruxelles	Commissions royales d'Art et d'Archéologie.
»	Analecta Bollandiana.
»	Société d'archéologie de Bruxelles.
Copenhague	— royale des Antiquaires du Nord.
Genève	Bibliothèque Municipale.
Helsingfors	Société Finlandaise d'Archéologie.
Koloszvar (Hongrie)	Musée National de Transylvanie.
Liège	Institut Archéologique Liégeois.
Lisbonne	Société des Architectes et Archéologues portugais.
»	Museu Etnologico portugués.
Londres	Royal Archeological Institute.
Luxembourg	Section historique du Luxembourg.
Madrid	Académie royale d'Histoire.
Mexico	Anales del Museo nacional de Arqueologia.
Montevideo	Anales del Museo Nacional.
Namur	Société Archéologique.
New-York	Anthropological society.
Pampelune	Comision de Monumentos de Navarra
Parme	Bullettino di paletnologia italian.
Rio-de-Janeiro (Brésil)	Archives du Musée National.
Rome	Muséi préhistorico, etnografico Kircheriano
San-José (Costa-Rica)	Anales del Museo nacional.
Sousse	Société Archéologique.
Stockholm	Académie royale des Belles-Lettres, Histoire et Antiquités de la Suède.
Washington (E. U.)	Institut Smithsonien.
»	Bureau of Ethnology.

N. B. — MM. les Sociétaires sont invités à signaler au Secrétariat général les omissions ou erreurs des listes ci-dessus.

COMPTES RENDUS

DES SEANCES DE LA SOCIETE ARCHEOLOGIQUE DE BORDEAUX

(Analyse)

Séance du 13 janvier 1928.

Présidence de M. A. NICOLAÏ, président.

La séance est ouverte à 20 heures 50.

Présents : MM. Nicolaï, Ansbert, Barets, J. Béraud, L. Bontemps, Dr Boudreau, Cadis, Cavaillé, Chaminade, Charbonneau, Charrol, Coudol, Désardurats, Mme Dubois, MM. Escurier, Guichard, M. et Mme Lacorre, M. de Laloubie, M. et Mme Lanneluc, MM. Lanoire, Malvesin, Marquassuzaa, Maziaud, Meynard, Neuville, Ploux, Ricaud, Trial, Bastide.

Excusés : MM. Amtmann, Bardié, Dubreuilh, Klipsch.

En ouvrant la séance, M. Nicolaï remercie l'assemblée de l'avoir de nouveau élu à la présidence et assure la Société de tout son dévouement au développement de l'œuvre commune.

Le secrétaire donne lecture du procès-verbal de la précédente séance qui est adopté.

Nouveaux membres. — M. Guillaume Guibert, consignataire, 149, cours Balguerie-Stuttenberg, présenté par MM. Nicolaï et Rambié;

M. Max Nadaud, avocat à la Cour d'appel, 1, rue Ravez, présenté par MM. Nicolaï et Trial;

M. Paul Coulombié, artiste peintre, 16 *bis* rue Barada, présenté par MM. Léon Bontemps et Charrol, ont été admis à l'unanimité membres de la Société.

Correspondance. — Lettre du maire de Saint-Magne de Castillon, annonçant la découverte de trois sarcophages dans le cimetière de la commune et demandant si la Société pourrait intervenir pour partie dans les frais de fouilles.

La question sera examinée.

Lettre de notre collègue M. René Ferbos, donnant sa démission d'archiviste et de membre de la Société.

Le président répondra à notre collègue pour lui exprimer toute notre sympathie et les regrets que nous cause son départ.

M. Nicolaï lit une lettre de M. Marcel Charrol, en qualité d'exécuteur testamentaire de notre collègue M. François Daleau, demandant si la Société veut désigner une commission pour surveiller l'enlèvement de ses collections léguées à la ville de Bordeaux.

La Société n'accepte pas cette mission, la compétence et le dévouement des conservateurs des musées municipaux lui offrant toute garantie.

Lettre de M. A. Bardié communiquant une lettre de M. André Ducarpe, de Castillon, signalant un acte de vandalisme commis dans la chapelle de Villemartin, classée comme monument historique sur la demande de la Société.

Le président lit le texte de la plainte à adresser au Préfet, qui est adopté sur-le-champ à l'unanimité.

A ce sujet, M. Nicolaï demande s'il n'y aurait pas lieu de créer dans le sein de la Société un « Syndicat d'action et de défense judiciaire pour les monuments historiques ». Le projet est adopté et sera étudié en séance du Conseil.

Une commission est désignée : MM. Lanoire, Barennes et Lacorre, sont adjoints aux membres du bureau.

Le président est heureux d'adresser ses plus chaleureuses félicitations à M. Pierre Rambié, président sortant, qui vient d'être nommé chevalier de la Légion d'honneur et y joint celles de tous les membres de la Société.

Musée. Dons divers. — De M. Laloubie, deux pistolets-poignards, époque du XVIIIe siècle.

De M. Maziaud, trois pièces d'argent médiévales et un fragment de poterie du XVIIIe siècle.

De M. Klipsch, un lot de pièces françaises et étrangères.

M. J. Coudol présente une boite à poudre en bronze avec application argent, art arabe du XVIIe siècle.

M. J. Béraud montre des fragments de poteries à emblèmes chrériens du IIIe et du IVe siècle, trouvés cours Pasteur et rue Ste-Thérèse, ainsi que diverses marques de potiers et un stylet en bronze.

M. Nicolaï communique au nom de notre collègue M. Neuville, de très intéressantes céramiques gallo-romaines provenant de Rheinzabern, sauvées des décombres de l'incendie du Musée de Strasbourg en 1871 par M. Heimburger, alors substitut à la Cour.

M. Th. Ricaud reprend la suite de son étude sur les « Anciennes fontaines bordelaises. »

La partie traitée ce jour est relative à la Font de l'Or. Dès l'abord, notre collègue signale que son intention est, vu le rôle important tenu par cette fontaine de :

1° Présenter un aperçu de ce qu'elle dût être à l'origine;

2° Faire entrevoir les transformations successives qu'elle a subies;

3° Consigner les principaux événements survenus au cours de sa vie active;

4° Dire un mot des praticiens qui en ont eu charge;

5° Jeter enfin, un coup d'œil d'ensemble, sur les travaux marquants exécutés dans son voisinage immédiat ou dans l'aire en dépendant, c'est-à-dire celle qui est située tout au long de la partie riveraine du fleuve et qui est comprise entre les limites du faubourg de Paludate et la terminaison de celui des Chartrons.

Notre collègue indique la provenance de ces eaux, émanant certainement de plusieurs points du sous-sol de ce plateau délimité à droite par une ligne reliant le tertre de St-Michel aux dépendances de l'Hôpital militaire et à gauche par une ligne qui, débordant légèrement le côté *est* de la rue de Bègles, irait en direction du premier pont de chemin de fer de la ligne de Bordeaux-Cette.

La position, la nature et l'importance de trois sources se trouvant dans ce périmètre : celles de Gratecap, de St-Nicolas de Graves et de St-Vincent de Lodors sont passées en revue.

M. Ricaud met également, en relief, la valeur d'un fait constaté officiellement, au XVIIIe siècle, et qui vient sérieusement à l'appui de la thèse qu'il soutient ; dès l'obstruction — même momentanée — d'un certain canal placé en dessus de la plateforme des Capucins et se trouvant de ce fait à 400 mètres environ, au sud, du déversoir naturel des eaux de la Font de l'Or, celles-ci se troublaient immédiatement.

Notre collègue discute ensuite la valeur des textes de Tillet, de Lobjeois, de Bernadau et de Fauré, concernant tant l'origine de la dénomination de cette fontaine, que la valeur intrinsèque de ses eaux, et ce, à différentes époques.

Puis il brosse un curieux tableau de l'aspect probable de la Font de l'Or, dans le temps où elle coulait en rase campagne, où elle égayait le paysage voisin de ses bords, et fertilisait les vignobles riants faisant partie eux aussi sans doute, de ceux chantés par le poète Ausone et qui s'étageaient au-dessus de son minuscule cours.

Ses eaux limpides et appréciées, ajoute M. Ricaud, ne recevaient alors encore aucune atteinte sérieuse. Le castrum gallo-romain était bien hors de leur portée. La construction de l'enceinte du XIIe siècle ne risquait pas non plus de les intéresser. Mais la création des faubourgs populeux de St-Michel et de Ste-Croix, l'élévation de la troisième enceinte — celle du XIVe siècle — l'établissement du boulevard, destiné à relier le Fort-Louis à la place nouvelle dite du Marché aux Bœufs, l'aménagement de la plateforme du couvent des Pères capucins changèrent totalement la face primitive des choses.

Les rameaux de la Font de l'Or s'enfouissant progressivement seront peu à peu atteints — et en maints endroits — par les matières nocives provenant des habitations sales et mal construites, établies au-dessus de son cours naturel. Plus d'une appréciation, peu favorable, sera, à vrai dire, le reflet d'une inquiétante et constante situation.

Et cependant, l'édilité subjuguée, sans doute, par les nécessités d'ordre général ainsi que par l'intendant en exercice va se trouver (par suite de circonstances nouvelles et heureuses : l'accroissement subit du trafic du port de Bordeaux, dû à l'application de la politique commerciale de Colbert), dans l'obligation stricte de jeter ses regards... vers la Font de l'Or.

La suite du travail de l'auteur, est renvoyée à une prochaine séance.

Le président remercie au nom de l'assemblée M. Ricaud de sa communication très documentée, ainsi que nos collègues pour leurs dons au Musée et présentations; l'ordre du jour étant épuisé, il lève la séance à 22 h. 20.

Le Secrétaire
Edmond BASTIDE

Séance du 10 février 1928.

Présidence de M. A. NICOLAI, président.

La séance est ouverte à 20 heures 40.

Présents : MM. Nicolaï, Ansbert, Barets, Léon Bontemps, Cavaillé, Chaminade, Charrol, Coulombié, Mme Dubois, MM. Escurier, R. Forton, Purt, Guichard, Klipsch, M. et Mme Lacorre, MM. Lanoire, Loirette, Marquassuzaa, Maziaud, Mounastre-Picamilh, Ploux, Ricaud, Sauveroche, Trial, Bastide.

Excusés : MM. Bardié, Coudol, Malvesin, Rambié.

Le secrétaire donne lecture du procès-verbal de la précédente séance qui est adopté.

Correspondance..— Lettre de M. l'abbé Royer, annonçant que la cathédrale de Lisieux possède un tableau de Pierre Lacour. Lettre de notre collègue M. Cadis informant la Société qu'il sera fait sous les auspices du T. C. F. une conférence à l'Athénée le 10 mars sur la « Région des Causses et les Gorges du Tarn ». Tous les membres y sont cordialement invités.

Le président donne lecture de la lettre qu'il a adressée au nom de la Société à M. Rambié, à l'occasion de sa nomination dans l'ordre de la Légion d'honneur, et la réponse que notre collègue lui a faite.

Nouveaux Membres. — M. Maurice Jacmart, 4, rue Lechapelier présenté par MM. Nicolaï et Rambié; M. Louis Saubole, 102, rue Sainte-Catherine, présenté par MM. Nicolaï et Bastide, ont été admis membres de la Société.

M. Nicolaï donne connaissance à l'assemblée, de la pétition qui sera adressée à M. le Maire de Bordeaux afin d'obtenir l'hôtel du Paty de Rayet, ancien hôtel de l'octroi, comme siège des Sociétés Savantes de Bordeaux.

Musée. Dons divers. — De M. Maurice Jacmart : une petite malle de poupée, bois de hêtre peint; un plat faïence blanc, décor bleu; un plat faïence blanc, décor bleu, ovale; un autre, même genre; deux assiettes faïence Bordeaux à l'œillet; un encrier carré à compartiments; un encrier cœur; un petit pichet; un pot de pharmacie cylindrique bleuté; un autre polychrôme, avec couvercle; une jatte creuse; un bénitier.

De MM. le Dr André Abadie et Marcel Charrol : un pot faïence crême de David Jonhston à motifs; un pot faïence tapisserie; une bonbonnière émail rose; une bonbonnière bois peint; une petite boîte carton peint ronde; une boîte paille simili-livre; un petit portrait peint sur cuivre (huile); une miniature encadrée portrait d'homme; une autre miniature encadrée, portrait d'homme; un face à main cuivre doré; une mouchette cuivre et son plateau; trois autres mouchettes fer; un étui à aiguilles en écailles; un étui à ressort en écaille; cinq robes de poupée et échantillons d'étoffes; un corsage Spencer satin doublé lin; un morceau soierie rouge à pois; cinq broderies sur soie et satin bleu; un habit soie ponceau doublé soie serin; une culotte soie serin; une tabatière bois verni; une boucle de soulier argent; une tabatière noix d'arec scupltée; une mappemonde et voûte céleste étui galuchat; une sonnette cuivre uni; huit boutons de nacre.

Ces deux donations proviennent de la collection et sont offertes en souvenir de M. François Daleau. De M. Maziaud un dessin du projet de réfection de la façade de l'Hôpital Saint-André. De Mlle Lafargue : une copie du contrat d'achat des sarcophages de Saint-Médard-d'Eyrans trouvés sur la propriété de M. de Conilly le

5 octobre 1804. De M. Klipsch la feuille du Dimanche du 4 septembre 1870 ; un placard de la dépêche de la reddition de Sedan ; la profession de foi de Sansas pour son élection.

M. Nicolaï présente, au nom de M. Tauziac, une série de photographies des fouilles de Moncaret. M. Klipsch montre une sonnette, époque Restauration en cuivre ciselé.

M. Trial soumet le compte financier de 1927 et le projet de budget pour 1928. Selon l'usage une commission de trois membres composée de MM. R. Forton, Cavaillé et Escurier est désignée pour la vérification.

M. Th. Ricaud, poursuit la lecture de son étude sur la Font de l'Or, en soulignant que, par suite de l'essor pris par le trafic maritime de Bordeaux, les moins avisés pouvaient constater :

1° L'insuffisance du débit des sources de Lormont, où l'aiguade se pratiquait depuis de très longues années;

2° Les conséquences de l'insuccès des tentatives de mise en service des fontaines de Tropeyte et de la Croix du Chapeau-Rouge;

3° La difficulté d'approche des sources de Floirac-Monrepos et de Cenon-La-Bastide, accessibles seulement à l'heure de la pleine mer, par suite du peu de profondeur des esteys de Tregey et du Captaou;

4° L'impossibilité d'affecter aux usages de la marine la Font d'Audège utilisée d'une part par la garnison du Château-Trompette et de l'autre par les habitants du quartier de la porte St-Germain;

5° L'obligation stricte de réserver aux citadins, le produit des fontaines des Fossés de la rue Bouquière — du reste presque taries à ce moment-là — ainsi que celui des puits un peu importants se trouvant dans l'intérieur de la ville : puits du Mirail, des Augustins, de St-Projet, de Ste-Colombe, de Bagnecap, de Canteloup, etc.

6° Le bien-fondé des hésitations que faisaient naître le coût élevé de l'amenée des eaux des sources reconnues de bonne qualité telles que celles de Mérignac, des Carmes, de la Pinelle et d'Arlac; ou de l'élévation indispensable du niveau de celles de Rivière, de Lagrange, de Figueyreau.

Force étant d'agir, et cela sans tarder, ainsi s'expliquent les résolutions prises par la Jurade, dans son assemblée du 31 mai 1673, tendant à la récupération des eaux dispersées de la Font de l'Or.

Cependant, note M. Ricaud, le silence va encore régner plus d'un quart de siècle sur cette fontaine; il est dû vraisemblablement à la non réussite des recherches entreprises à la suite de la décision précitée.

Notre collègue évoque ensuite les échos d'une réunion à laquelle prirent part les Cent-Trente (8 juin 1684), les suggestions qui en sortirent; les résultats obtenus : autorisation donnée par Louis XIV, à la Jurade, de vendre ou aliéner à cens, rentes ou autres redevances les emplacements des anciennes fontaines Bouquière [1] afin d'en construire de nouvelles sur des lieux à déterminer.

M. Ricaud résume ensuite les grandes lignes du projet Ferry (17 septembre 1688) comportant le captage des différentes sources situées au village du Tondu et la création de douze fontaines, dont plusieurs destinées à la place où l'on projetait d'ériger une statue au Roi Soleil; puis il mentionne et analyse le traité passé entre la Jurade et l'ingénieur Pierre Gujer de la Rochète d'abord provisoire (28 juin 1708), puis définitif (1er juillet 1711) et dont le résultat devait être l'amenée à la Place St-Projet des eaux de la source d'Arlac (reprise du projet de Ferry); la réfection des fontaines de la rue Bouquière et le parachèvement de la Font de l'Or.

Une partie de ce programme n'ayant pu être exécutée, M. Ricaud montre les conséquences des démêlés survenus entre la Ville et les membres de la famille de l'ingénieur, celui-ci étant décédé (juin 1724) tandis qu'il se trouvait à Saint-Sébastien, procédant à des travaux d'entretien.

M. Ricaud indique également plusieurs des raisons qui déterminèrent l'intendant Claude Boucher à prendre en mains la question de distribution des eaux de consommation et signale la correspondance active échangée entre ce personnage, l'architecte Robert de Cotte d'une part et le duc d'Antin, directeur général des bâtiments du Roi, tendant à la recherche d'un maître fontainier habile, susceptible de faire cesser un état de choses préjudiciable à tous.

Démarches couronnées de succès et qui se traduisirent par la

(1) Ce terrain est occupé de nos jours, par la série des immeubles portant les nos 21 à 51 du cours Victor-Hugo.

venue à Bordeaux du sieur Brion, maître fontainier à Versailles, précédant de peu celle d'un homme de très grande valeur : Jacques Gabriel dont la mise en œuvre presque immédiate des projets grandioses dûs à son talent : Hôtel des Fermes, Place Royale, Quais la complétant, allaient être le point de départ d'une transformation totale du Bordeaux médiéval avec une répercussion sensible sur plus d'un des points du programme relatif à l'amélioration si nécessaire du régime des eaux de consommation.

La suite du travail de M. Ricaud est renvoyé à une prochaine séance.

M. Nicolaï annonce qu'il a adressé à M. le Dr Peyneau les félicitations de la Société pour sa nomination de chevalier de la Légion d'honneur et aussi une lettre de condoléances à l'occasion de la mort de M. Monméja, archéologue distingué,conservateur du Musée d'Agen.

Le président après avoir remercié chaleureusement nos collègues pour leurs dons, présentations et communications lève la séance à 22 heures 25.

Le Secrétaire,
Edmond BASTIDE

Séance du 9 mars 1928.

Présidence de M. A NICOLAI, président.

La séance est ouverte à 20 heures 40.

Présents : MM. Nicolaï, Amtmann, Barets, Léon Bontemps, Cadis, Cavaillé, Charrol, Escurier, René Forton, Dr Forton, Furt, Klipsch, M. et Mme Lacorre, de Lapasse, Malvesin, Marquassuzaa, Maziaud, Neuville, Ploux, Rambié, Ricaud, Trial, Bastide.

Excusés : MM. Bardié, Coudol, Chaminade, Dubreuilh, Mme Dubois.

Le secrétaire donne lecture du procès-verbal de la précédente séance qui est adopté.

Correspondance. — Lettre du Dr Peyneau remerciant des félicitations adressées. Bulletin de l'Union des Sociétés historiques et archéologiques du Sud-Ouest. Circulaire de la Société française des fouilles archéologiques convoquant pour son assemblée générale qui aura lieu le 14 mars au Musée Guimet.

Musée. Dons divers. — De MM. le Dr Abadie et Charrol : Etrennes bordelaises ou le Calendrier raisonné du Palais pour les années 1781, 1788 et 1789.

Almanach historique de la province de Guienne pour les années 1786, 1788 et 1790.

Calendrier des Corps administratifs et judiciaires du département de la Gironde pour l'année 1797.

Almanach historique de Bordeaux pour l'année 1789.

Annuaire du département de la Gironde pour l'an II.

Calendrier de la Gironde pour l'an douze (1804) et l'an treize (1805).

Calendrier « Grégorien » de la Gironde.

Almanach général et commercial de la Préfecture de la Gironde pour l'année 1808.

Calendrier de Bordeaux, calculé à son méridien, pour l'année commune 1809.

Calendrier administratif, judiciaire et de commerce du département de la Gironde pour les années 1813, 1815, 1816, 1819, 1820, 1821.

Calendrier royal de la Préfecture de la Gironde pour l'année 1818.

Almanach de commerce, d'arts et métiers de la ville de Bordeaux pour l'année 1787. Plein maroquin rouge, dentelle; armes de Mgr Champion de Cicé, sur les plats.

Les spectacles de Paris ou Calendrier historique et chronologique des théâtres, Paris, Duchesne, année 1774. Plein maroquin rouge, filets et rinceaux dorés sur les plats.

Almanach de Paris, première et deuxième parties, pour l'année 1786, Paris, Lesclapart, année 1786.

La médaille Déchelette.

Deux assiettes porcelaine Barbot.

Un moule à civet de lièvre.

Un rafraichissoir verre Bourg blanc.
Une gourde verre Bourg blanc.
Trois verres à pied verre blanc.
Une base d'huilier verre blanc.
Une buire verre rougeâtre blanc.
Un pot à anse verre olive.
Un huilier verre olive.
Un brevet de franc-maçon loge anglaise.
Un brevet de la Société des Sciences.
Un ordre de lieutenant d'équipage.
Deux paires escarpins de balsatin.
Un pistolet.
Trente-sept cartes à jouer.
Ces divers objets proviennent de la Collection Daleau.

A ce propos, M. Nicolaï précise l'origine des différents modèles de cartes, surtout en ce qui concerne les fabricants bordelais.

M. Bastide communique, au nom de M. Sansas une photographie de son grand-père Pierre Sansas, fondateur de la Société archéologique.

La Société décide qu'une reproduction en sera faite pour le musée du Vieux Bordeaux.

M. Klipsch donne lecture de quelques impressions d'un voyageur étranger de passage à Bordeaux au XVIIIe siècle.

M. Th. Ricaud poursuivant la lecture de son étude sur la Font de l'Or, note que l'architecte Jacques Gabriel, en dehors de l'élaboration de divers projets tendant à l'embellissement de la ville et à la transformation complète d'une partie du Bordeaux médiéval s'occupa également et sans tarder d'un service nouveau de distribution des eaux de consommation. Devant l'insuffisance des résultats donnés par l'amenée, aux fontaines de la Grave et du quai Bourgeois, d'une partie des eaux de la Font de l'Or, Gabriel s'intéresse à plusieurs sources de nature excellente, d'un rendement appréciable et sourdant sur le territoire de la paroisse de Mérignac. Le 24 septembre 1730 ses instructions sont déposées. Les sources, situées dans le vignoble de Mme la Comtesse de Pomiers, des Pères Jésuites dans le bois qui avoisine le moulin de l'avocat Le Moine, seront captées. L'ingénieur de St-Pierre, adjoint ordinaire de l'architecte Gabriel reste chargé de la mise en œuvre du travail prévu : réglage du niveau de pente à donner aux eaux; direction à suivre; bords du ruisseau de la Devèze, plaine de l'Allemagne, etc., constructions de murs de soutien, de regard et d'un réservoir, celui-ci à élever entre les portes Dauphine et Dijeaux. Ainsi se trouvait tournée la difficulté qui, par suite de l'inexistence d'un type éprouvé de machine élévatoire, empêchait l'utilisation complète et pratique des eaux de la Font de l'Or par suite de son niveau presque inférieur au sol de la place projetée.

M. Ricaud fournit ensuite les raisons qui paraissent s'être opposées à la réalisation de l'idée de Gabriel : coût élevé de la dépense d'un tel travail, manque total de ressources.

Durant quinze ans, il ne se produira aucun changement et la Font de l'Or aura mission de continuer à assurer tant bien que mal les services de l'*aiguade*. Puis c'est le projet Ferry (de 1688) quelque peu modifié qui revient à flot; des travaux sont aussi prévus pour améliorer la situation de la Fontaine de Figueyreau. Une correspondance s'engage entre de Tourny, les maîtres de forges périgourdins Laulanié, Dereix, Defosse d'une part et le physicien de Réaumur d'autre part concernant le choix de la matière à employer pour les canalisations projetées, les tuyaux de grès de Sadirac ne donnant point toute satisfaction.

En 1750, Etienne La Rochette, fils de l'auteur des travaux de fontainerie accomplis à Bordeaux sous la Régence et occupant l'emploi de fontainier, dépose un mémoire basé sur l'amenée à la place Royale d'une certaine quantité d'eau obtenue par une meilleure utilisation des fontaines de la place St-Projet. Moins d'un mois après, la mort ayant frappé ce praticien, un nouvel arrêt se produit. Brion fils appelé à le remplacer pense résoudre mieux le problème en établissant une nouvelle conduite reliant le réservoir de la source des Carmes à celui de la porte d'Albret. Par suite de précautions insuffisantes prises par l'architecte Roux, les eaux rebroussèrent chemin.

M. Ricaud décrit ensuite les incidents multiples survenus entre l'Intendant, la Jurade et le Parlement. Tout le programme dressé par Aubert de Tourny va être entravé.

Celui-ci doué cependant d'une activité sans bornes, défend pied à pied le terrain. En 1756, il se met en rapport avec l'ingénieur Stephens, auteur d'un type de machine à feu servant à élever, dans des réservoirs, les eaux nécessaires aux habitants de Londres et de sa banlieue. L'application de ce système aurait résolu la question d'utilisation complète des eaux de la Font de l'Or. La crainte de dangers illusoires réduisit à néant les espérances réelles fondées sur cette tentative nouvelle, laquelle reviendra du reste sous une autre forme et qui fut contrariée également par la nomination à un poste de conseiller d'état du grand Intendant. La suite du travail de M. Ricaud est renvoyée à une prochaine séance.

M. Charrol présente une très intéressante série de vieilles estampes et gravures du Bordeaux ancien.

M. Trial signale que la niche découverte au cours de travaux exécutés à l'angle des rues Judaïque et du Palais-Gallien pourrait être celle où était la statue de la Croix de l'Epine.

A cette occasion, il est bon de rappeler que les travaux ont fait apparaître les anciennes dénominations de ces rues : rue de la Délivrance pour la rue Judaïque, et pour la rue du Palais-Gallien, rue de la Raison.

M. Cavaillé rend compte de la mission confiée à la Commission de vérification des comptes du trésorier et se joint à ses collègues pour adresser à celui-ci les félicitations et les remerciements pour sa parfaite gestion.

Le Président informe la Société que la pétition relative à l'Hôtel du Paty de Rayet a été remise au maire et fait un compte rendu de la visite.

Il signale ensuite que la police d'assurance-incendie du musée du Vieux Bordeaux venant à expiration et devant être renouvelée, le conseil a estimé que, sauf ratification de la Commission du musée, il y aurait lieu de porter les chiffres de cette assurance à 180.000 francs pour les objets, dons ou prêts et 20.000 francs pour le mobilier.

L'assemblée adopte à l'unanimité cette proposition.

L'ordre du jour étant épuisé, le président remercie nos collègues pour leurs communications et dons, et lève la séance à 22 h. 35.

Le Secrétaire,
Edmond Bastide

Séance du 13 avril 1928.

Présidence de M. T. H. RICAUD, vice-président.

La séance est ouverte à 20 h. 55.

Présents : MM. Ricaud, Amtmann, Ansbert, André Béraud, Dr Boudreau, Cavaillé, Charrol, Coudol, Escurier, René Forton, Furt, Guichard, Klipsch, Malvesin, Maziaud, Marquassuzaa, Ploux, Trial, Bastide.

Excusés : MM. Nicolaï, Arnaud, Bardié, Cadis, Dubreuilh Mme et M. Lacorre.

Le secrétaire lit le procès-verbal de la précédente séance qui est adopté.

Correspondance. — Circulaire de l'Union historique et archéologique du S. O. annonçant son 10e congrès qui se tiendra à Cahors du 16 au 20 juillet prochain.

Lettre de M. Aymen de Lageard au sujet des déprédations commises à la chapelle de Villemartin.

Circulaire de l'Institut inter-universitaire italien.

Lettre de M. Lippens au sujet de la conférence qu'il se propose de faire sur « Gand, ses monuments et floralies ».

Nouveaux membres. — M. Marc Bertaud, 200, rue David-Johnston, présenté par MM. Klipsch et Ansbert.

M. René Mortier, 175, rue de l'Eglise-St-Seurin, présenté par MM. Charrol et Nicolaï.

M. Chalès, avocat, 62, allées Damour, présenté par MM. Nicolaï et Rambié.

M. Ramarony, avocat, 13, rue Professeur-Demons, présenté par M. Nicolaï et Mme Vogée-Davasse.

M. Rebeyrol, avocat, présenté par M. Nicolaï et Mme Vogée-Davasse.

M. Berthellot, avocat, présenté par MM. Nicolaï et Charrol ont été admis membres de la société.

Musée. Dons divers. — De M. le Dr André Abadie et M. M. Charrol :

Diverses verreries de Bourg, 2 plats en faïence décorée, 3 gravures, diverses céramiques et autres objets provenant de la collection François Daleau.

De Mme Vve Laurent Moreau :

Des céramiques et haches votives découvertes vers 1870 au cours de fouilles faites à Tampico, Mexique.

M. Bastide remet la reproduction de la photographie de Pierre Sansas et offre quatre photos du musée François Daleau.

Présentations. — M. Coudol présente une boîte à poudre en laque impériale du Japon, pièce du XVIIIe siècle.

M. Trial montre un très beau plat de Vieillard décoré et rehaussé d'or signé A. de Caranza, pièce très rare dans ces conditions.

Le Dr Boudreau soumet un écusson du XVIIIe siècle en cuivre repoussé avec armoiries et trois médailles de Papes sculptées en relief sur marbres blanc et vert.

M. Charrol communique six « Testaments Mystiques » de la fin de l'ancien régime provenant de la collection François Daleau.

M. Ricaud poursuit la lecture de son étude sur la Font de l'Or, en signalant que l'intendant Claude de Tourny prit en mains, dès le mois de septembre 1757, la mise en exécution des travaux de fontainerie entravés à la fois par l'insuffisance des ressources, par l'insouciance des jurats et par l'absence, à Bordeaux, d'un technicien capable et éprouvé. L'échec récent de l'amenée des eaux de la source des Carmes, au réservoir de la porte d'Albret, travail qui tendait à parer au faible débit des fontaines placées dans l'intérieur de la ville fournissait ample matière à réflexion.

L'obligation de se retourner vers la capitale, voire même de s'adresser sans tarder en haut lieu, se faisait nettement sentir. Ainsi s'explique comme le souligne M. Ricaud, l'enchaînement de la curieuse correspondance échangée, plusieurs mois durant, entre le nouvel intendant et le marquis de Marigny, directeur général des bâtiments, jardins et manufactures de Sa Majesté.

Née d'une petite affaire d'ordre purement fiscal mais assez épineuse, (elle se rapportait au gardiennage d'un magasin de marbres que le roi possédait à la Bastide), elle amènera à sa suite, grâce au sens affiné et véritablement diplomatique que Claude de

Tourny sut déployer en cette occasion, un résultat des plus tangibles.

De Marigny, heureux d'être, grâce aux démarches réitérées de Claude de Tourny, débarrassé d'un souci qui paraissait l inquiéter quelque peu, tint à son tour à tirer d'embarras l'Intendant. A cet effet, il choisit lui-même le praticien dont Bordeaux avait un si réel besoin. Celui-ci n'était autre que le maître plombier de Louis XV.

Notre collègue note que ce détail en dit long sur l'estime qu'avait pour les de Tourny ce puissant du jour, très favorable également à la ville de Bordeaux dont il admirait la beauté et la grandeur.

Jean Baptiste Lucas, sur qui de Marigny avait jeté son dévo'u était un technicien en vue à Paris. Il venait d'achever un service complet de distribution d'eau potable pour la ville de Reims. Fort occupé, pour le moment, au château de St-Hubert (pavillon de chasse que le roi faisait construire dans les environs de Versailles), il ne pouvait répondre entièrement aux vœux du frère de Mme de Pompadour; mais, il délégua son fils, qui se trouvait être depuis plusieurs années son collaborateur immédiat.

Dès décembre 1757, Antoine Lucas est à Bordeaux. Durant cinq mois il se livre à des études préliminaires : jaugeage des sources environnant la ville, possibilité dé captage de certaines d'entre elles, etc., etc.

En mai 1758, il dépose un mémoire dont la seule lecture suffit pour montrer la valeur professionnelle de son auteur.

M. Ricaud le résume : Lucas, dit-il, s'attacha dès l'abord aux possibilités de reprise du projet de Jacques Gabriel : amenée à la place Dauphine et à la place Royale des eaux de plusieurs sources situées à Mérignac. M. Ricaud, note qu'Antoine Lucas rejeta assez vite cette idée, par suite de l'importante dépense qu'elle entraînait pour sa réalisation. Puis c'est l'exposé des raisons qui déterminèrent ce praticien à utiliser complètement les eaux de la Font de l'Or : élévation des dites eaux au moyen d'une machine ou des pelles du moulin de Ste-Croix; construction d'un réservoir central dans l'intérieur de l'hôtel de ville; édification de châteaux d'eau décoratifs destinés à desservir quatorze fontaines à établir tant dans la ville que le long du port.

Digne en tous points de la grande ville pour laquelle il avait été conçu, le projet Lucas va recevoir de nombreux assauts et de fâcheuses amputations que M. Ricaud se propose d'exposer dans une séance ultérieure.

L'ordre du jour étant épuisé, et personne ne demandant la parole, le président remercie nos collègues pour leurs dons au musée et leurs intéressantes communications, et lève la séance à 22 h. 20.

Le Secrétaire,
Edmond Bastide

Séance du 11 mai 1928

Présidence de M. A. NICOLAI, président.

La séance est ouverte à 20 h. 30.

Présents : MM. Nicolaï, Barennes, Barets, Bertaud, Berthellot, Dr Boudreau, Cavaillé, Charrol, Coudol, Coulombié, Dubreuilh, Guichard, Klipsch, de Laloubie, M. et Mme Lacorre, Loirette, Marquassuzaa, Maziaud, Meynard, Mortier, Neuville, Ploux, Redeuilh, Trial, Bastide.

Excusés : MM. Bardié, Rambié, Ricaud, Dr Forton, René Forton.

Le secrétaire donne lecture du procès-verbal de la dernière séance qui est adopté.

En ouvrant la séance, le président souhaite la bienvenue à nos nouveaux collègues, MM. Berthellot, Bertaud et Mortier.

Correspondance. — Lettre de M. Lippens, annonçant son arrivée à Bordeaux pour le dimanche 20 mai, dans la journée.

Lettre d'avis de l'Université de Toulouse, annonçant les fêtes de son septième centenaire qui sera célébré en 1929.

Musée. Dons divers. — De M. le Dr André Abadie et M. Charrol, divers objets de vitrine, cinq chapeaux de paille, époque 1820-1830, trois sceaux de notaire du Ier Empire et de la Restauration provenant de la collection François Daleau.

De M. Jean Blondel, divers silex paléolithiques et néolithiques trouvés aux Chapelains, près Ste-Foy-la-Grande.

M. Lacorre, fait part à l'assemblée du prochain congrès des notaires de France qui se tiendra à Bordeaux du 3 au 7 juin. Il demande si la commission du musée voudrait bien faire visiter ses collections. La proposition est acceptée et la date du 4 juin adoptée.

Présentations. — M. Coudol présente des clefs en bronze du IIe au XIIIe et XVIe siècle, trouvées à Bordeaux. Parmi celles-ci, quelques-unes sont particulièrement remarquées.

M. Neuville soumet plusieurs têtes et statuettes en céramique trouvées les unes à Hadra Vasen, les autres dans la nécropole de Chatby. Elles datent d'environ trois siècles avant notre ère. Elles étaient revêtues d'un enduit au lait de chaux dont on voit encore la trace dans la coiffure. Puis elles étaient décorées d'une peinture polychrome à la gouache. Cette présentation a vivement intéressé l'assemblée.

M. Loirette communique l'agrafe de ceinturon trouvée dans les fouilles récentes de St-Magne-de-Castillon. Il donne des renseignements sur la découverte et les démarches faites auprès du ministère pour étendre les recherches; elles n'ont pas donné encore de résultats.

La Société suivra avec intérêt cette question, et s'entendra, s'il y a lieu, avec M. le curé de St-Magne.

M. l'abbé Royer fait communiquer un travail fort intéressant signalant plusieurs tableaux de peintres bordelais, se trouvant dans la cathédrale de Lisieux. Ces tableaux, faits au XVIIIe siècle, à la demande du chapitre, représentent des sujets religieux et ont été peints par Pierre Lacour, Taillasson et un autre par Robin.

M. Barennes, signale, au cours d'un voyage à la Martinique, la visite qu'il a faite à la maison natale de Joséphine Tascher de la Pagerie, au domaine des Trois-Ilots. Les autorités locales en ont fait une sorte de musée. On peut y remarquer notamment quelques pierres tombales de la famille.

M. Loirette ajoute que les Archives départementales possèdent une lettre de la mère de l'impératrice.

Le président remercie ces messieurs de leurs communications et les donateurs de leurs dons au musée, et lève la séance à 22 h. 10.

Le Secrétaire,
Edmond BASTIDE

Séance du 15 juin 1928.

Présidence de M. A. NICOLAI, président.

La séance est ouverte à 20 heures 45.

Présents : MM. Nicolaï, Arnaud, Barennes, Barets, Béraud, Bertaud, Berthellot, Dr Boudreau, Cavaillé, Charrol, Coudol, Dubreuilh, Escurier, René Forton, Dr Forton, Furt, Klipsch, M. et Mme Lacorre, Marquassuzaa, Maziaud, Neuville, Rambié, Ricaud, Trial, Bastide.

Excusés : MM. Bardié, Loirette.

Le secrétaire donne lecture du procès-verbal de la séance précédente qui est adopté.

Correspondance. — M. Alcide Teynac, d'Espiet, signale la démolition d'un mur gallo-romain à Blézignac et demande si la Société ne pourrait arrêter ce vandalisme.

M. Escurier annonce la découverte de débris de statues en terre cuite dans le lotissement des bois du Haut-Brion. Il désirerait que la Société s'intéressât à ces restes et si possible les fît entrer dans les collections du musée.

Lettre de remerciements de plusieurs personnalités ayant assisté à la conférence de M. Edgard Lippens.

Réclamation de la Bibliothèque nationale qui se plaint de l'irrégularité du service de notre bulletin. M. Charrol répond que nos imprimeurs ont toujours exécuté fidèlement le dépôt légal et que si des fuites se sont produites, c'est auprès de la Préfecture (service du dépôt légal) qu'il convient d'agir.

La Société des Etudes du Lot annonce que son congrès se tiendra à Cahors du 18 au 23 juillet prochain.

Nouveaux membres. — M. le Dr Robert Guérin, 22, quai des Chartrons, présenté par MM. Barennes, Dr Forton et Klipsch.

M. Gérard Chabrely, avocat, 2, rue Buhan, présenté par MM. Nicolaï et Trial, ont été admis membres titulaires de la Société.

Musée. Dons divers. — De M. J. Barennes, au nom de M. l'abbé Carrère, une pièce argent de Richard Cœur-de-Lion, trouvée à Castelnau-de-Médoc en 1902.

De M. Conil, de la part de M. Léon Dufour, de St-Sever, un corset du XVIIIe siècle.

De MM. le Dr André Abadie et Marcel Charrol, des clefs et cuillers anciennes, objets de vitrine, verreries gallo-romaines, armes diverses et plusieurs grelots en bronze fondus à Bordeaux, provenant de la collection François Daleau.

M. J. Coudol présente une statuette gallo-romaine en bronze montée sur un socle en coco finement ciselé du XVIIIe siècle. Très belle œuvre d'art.

M. le Dr Boudreau montre un joli plat à gigot en faïence de Vieillard à la marque pseudo-coquille; pièce d'une excellente conservation.

M. J. Béraud communique un travail sur la maison dite des Templiers à La Brède et présente des photograpgies qui reproduisent quelques-uns des motifs architecturaux de cette maison : portes, fenêtres, cadran solaire, cheminées, etc. Il en demande le classement.

M. Th. Ricaud, reprend la lecture de son étude sur la Font de l'Or. Les jurats quelque peu effrayés du coût du projet de Lucas qui s'élevait à 325.621 livres 15 sols, sans compter les importantes dépenses relevant de certains travaux d'art annexe : *a*) groupes : la Dordogne et la Garonne de J.-B. Le Moyne destinées à compléter, sur le parapet du quai l'ornementation de la place Royale; *b*) motif de fontaine monumentale d'Ange Gabriel à placer au pied du pavillon du fond de cette même place; *c*) fontaine de Francin à édifier au centre de la place du marché Royal; *d*) effets d'eau, ici ou là, etc., décident de réduire tout cet ensemble au strict nécessaire.

Le nombre des fontaines prévues s'abaisse de 14 à 9; toute la partie décorative envisagée, va pour l'instant être mise de côté et finalement ne sera jamais exécutée. Les habitants du faubourg des Chartrons vont même être invités à pourvoir à la dépense qu'occasionneront les deux fontaines prévues pour leur quartier, en face des rues Raze et Borie. Cette situation, déjà complexe, s'aggrave par le dépôt d'un nouveau projet dû au maître fontainier Brion, basé sur la reprise de l'amenée des eaux de la source des Carmes, opération tentée en 1755, dont l'échec quasi complet se trouve présent dans toutes les mémoires.

Toujours hésitants, les jurats — en attendant de prendre une décision définitive — s'attardent sur la question du choix de la matière à employer pour les canalisations. Le grès, le fer, le plomb ont chacun des partisans et des ennemis. Une curieuse correspondance s'échange à cette occasion.

Enfin, le 9 août 1758, Lucas obtient gain de cause au moment même où il venait de déposer un troisième projet encore plus restreint que les précédents et comportant simplement la création de cinq fontaines sur le port.

En dernier ressort, le projet Lucas, comportant neuf fontaines, supplante celui du fontainier Brion. Les tuyaux de plomb, matière préconisée par lui étaient aussi acceptés, mais la ville se réservait de traiter avec des négociants de la place la fourniture des matières à employer et à les prendre en Allemagne et en Angleterre, d'où cause sensible de nouveaux retards dans l'exécution des travaux. Pour comble les fonds manquent totalement et l'édilité doit s'adresser en haut lieu pour essayer de s'en procurer d'urgence. Des démarches sont tentées auprès du ministre Massiac afin d'obtenir si possible de Sa Majesté, l'autorisation de recevoir l'aide de la caisse dite des droits de lestage.

Grâce sans doute à l'intervention du marquis de Marigny tout dévoué à Lucas et à cette entreprise, Louis XV accorda sans tarder l'autorisation si ardemment souhaitée.

Ce premier pas franchi, Claude de Tourny, désireux, à juste titre, d'être renseigné sur la valeur de rendement possible de l'appareil élévatoire que le sieur Jouis confectionnait en très grand secret demanda au physicien J. B. de Romas de vouloir bien venir sur place procéder à son examen.

Notre collègue, ayant eu la bonne fortune de découvrir jadis dans le fonds de l'Intendance le rapport fourni à cette occasion, en donne l'analyse. De Romas se montre défavorable à l'appareil de Jouis, voire même à l'utilisation des eaux de la Font de l'Or. Il ne cache pas ses préférences pour celles de la Garonne qu'il propose de clarifier. Sous une forme à peine voilée s'aperçoit aussi le vif désir qu'avait le lieutenant assesseur au présidial de Nérac, de venir se fixer à Bordeaux et d'obtenir la chaire de professeur municipal de physique expérimentale.

Une fois encore le talent dut céder le pas. Jouis obtint la fourniture d'un appareil assez quelconque et mu simplement par la traction humaine. De Romas moins bien partagé subit un double échec dont il se consola en rédigeant, note M. Ricaud, le fameux mémoire sur les moyens de se garantir de la foudre qui allait donner à son auteur une notoriété certainement inattendue.

La suite du travail de l'auteur est renvoyée à une prochaine séance.

M. P. Rambié rend compte des recherches qu'il a faites sur l'organisation intérieure de la Bourse des Marchands de Bordeaux fondée en 1563 et remplacée successivement par le Conseil économique, puis par le Conseil du commerce, enfin, au XVIIIe siècle par la Chambre de commerce de Guienne instituée par Louis XIV. Il termine en donnant quelques notes biographiques sur les dix secrétaires administratifs, ses prédécesseurs.

M. Nicolaï fait part d'un article paru dans le *Journal des Débats*, relatif à la reconstitution de la bibliothèque de Reims. Il demande si la Société ne s'associerait pas, par le don d'une collection de nos bulletins à cette œuvre. L'assemblée consultée vote à l'unanimité cette proposition.

M. Charrol montre la photographie de la croix du carrefour située entre St-Médard-de-Guizières et Petit-Palais, démolie récemment par un camion. Grâce à ce document elle va être reconstituée par les soins de notre collègue M. l'abbé Loze, curé de Petit-Palais.

L'ordre du jour étant épuisé, le président remercie nos collègues pour leurs dons au musée et intéressantes communications et lève la séance à 22 h. 25.

Le Secrétaire.
Edmond BASTIDE

Séance du vendredi 13 juillet 1928.

Présidence de M. A. NICOLAI, président.

La séance est ouverte à 20 heures 55.

Présents : MM. Nicolaï, Henri Arnaud, Cavaillé, Charrol, Coudol, Dubreuilh, Furt, Guichard, M. et Mme Lacorre, Maziaud, Mounastre-Picamilh, Redeuilh, Ricaud, Trial, Bastide.

Excusés : MM. Bardié, René Forton, Dr Forton.

Le secrétaire donne lecture du procès-verbal de la dernière assemblée qui est adopté.

Correspondance. — Brochure de la Société préhistorique française rendant hommage à J. A. Le Bel, son président d'honneur et bienfaiteur.

Le premier fascicule des Annales du centre de culture de Valence.

Lettre de la maison Joseph Baer et Cie de Francfort-sur-le-M. demandant l'envoi des Bulletins et mémoires de la Société à partir du tome XL.

Le secrétaire général annonce que, par suite de l'absence de M. Tauziac, de Montcaret, l'excursion projetée est renvoyée à une date ultérieure.

Musée. Dons divers. — De M. Maziaud, une bague en bronze trouvée par lui dans une tranchée devant la cathédrale.

De MM. Dr André Abadie et M. Charrol, la suite des objets provenant de la collection François Daleau, entre autres : colletin en fer forgé époque Renaissance; moules en buis pour décoration de pâtisseries; étampes à feu pour barriques, clefs diverses, etc.

Sur une question du président, le secrétaire général annonce que le *Bulletin* va paraître incessamment .

M. Coudol présente un poignard du Xe siècle en bronze, avec garde unique, gravée au burin et portant un écusson.

M. Henri Arnaud montre deux incunables de l'imprimeur Gaspard Philippe qui n'ont été signalés par aucun bibliographe. Il fournit des renseignements curieux avec pièces à l'appui sur le style décoratif de notre plus ancien typographe bordelais durant les vingt années de sa carrière.

M. Ricaud signale que le dessin du projet de l'Hôtel de ville de Bordeaux (élévation) donné au musée du vieux Bordeaux par Mme Rullier, et attribué à Bonfin, pourrait être de Moreau ou de Soufflot, d'après une note qu'il a relevée aux Archives.

M. Charrol communique deux contrats d'apprentissage du XVIIIe siècle, provenant des papiers de M. François Daleau. Il fait ressortir la sévérité outrée de certaines dispositions.

M. Maziaud soumet une série de dessins, esquisses et projets dressés par Armand Bonnard en mai 1810, pour l'aménagement intérieur de l'hôtel du duc de Trévise à Paris.

M. Nicolaï montre un livre à vignette imprimée de Michelin en 1785 et le programme de la fête de la Fédération adressé au député Simon, portant une couverture à rayures verticales tricolores.

L'ordre du jour étant épuisé, le président remercie nos collègues pour leurs dons au musée, présentations et très intéressantes communications et lève la séance à 22 h. 15.

Le Secrétaire,
Edmond Bastide

Séance du 12 octobre 1928.

Présidence de M. A. NICOLAI, président.

Présents : MM. Nicolaï, Ansbert, Bertaud, Dr Boudreau, Cadis, Cavaillé, Chaminade, Charrol, Escurier, Furt, Guichard, Klipsch, M. et Mme Lacorre, Malvesin, Marquassuzaa, Minvielle, Neuville, Ricaud, Trial, Bastide.

Excusés : MM. Bardié, Coudol, Dubreuilh, R. Fortin, Maziaud.

Le secrétaire donne lecture du procès-verbal de la dernière assemblée qui est adopté.

Le président adresse un hommage ému à la mémoire de notre collègue M. Henri Arnaud, l'érudit bibliophile, récemment décédé;

il a exprimé à cette occasion les condoléances de la Société à son frère M. Georges Arnaud et à sa famille.

Correspondance. — Programme du Congrès de l'A. F. A. S. qui se tiendra à Paris en avril 1929.

Le président au nom de la Société, est heureux de féliciter M. M. Charrol, notre dévoué secrétaire général, qui vient d'être nommé par le ministre de l'Instruction publique et des Beaux-Arts, correspondant de la Commission des monuments historiques, section des antiquités et objets d'arts, pour l'arrondissement de Bordeaux.

Musée. Dons divers. — De M. Honoré Castaing, des documents autographes et rapports imprimés du financier Ouvrard.

De M. Pérès, un médaillon en plâtre provenant de la fabrique de David Johnston.

De M. André Rebsomen, des ouvrages sur la région bordelaise.

M. Cadis signale que la Croix de Saint-Projet a été récemment classée comme monument historique; il demande si l'on ne pourrait pas signaler à la municipalité l'état de malpropreté des alentours du monument. Il sollicite l'appui de la Société pour assurer la conservation de plusieurs autres édifices qui seraient susceptibles du classement.

M. Nicolaï, fait un compte rendu très détaillé sur le récent congrès des Sociétés historiques et archéologiques du Sud-Ouest, tenu à Cahors en juillet dernier et mentionne les nombreuses communications, les conférences et les excursions qui y ont été faites.

M. Ricaud, continuant ses recherches dans les Archives publiques a découvert un document prouvant, d'une manière définitive, que le dessin du projet de l'Hôtel de ville, appartenant à la Société et donné au Musée du Vieux Bordeaux, par Mme Rullier, est bien de l'architecte Soufflot.

M. Malvesin présente un cahier d'exporles de la Confrérie de Saint-Jacques de Gradignan pour l'année 1768 et analyse cette pièce en désignant plusieurs familles existant encore dans la paroisse.

M. Trial communique une note biographique sur la rue Beaufleury qui indique les origines de cette voie et la propriété sur laquelle elle a été ouverte.

L'ordre du jour étant épuisé, le président remercie les donateurs, et nos collègues pour leurs intéressantes communications et lève la séance à 22 h. 30.

Le Secrétaire,
Edmond Bastide

Séance du 9 novembre 1928.

Présidence de M. A. NICOLAI, président.

La séance est ouverte à 20 heures 50.

Présents : MM. Nicolaï, Amtmann, Ansbert, Barennes, Barets, André Béraud, Joseph Béraud, Bertaud, Dr Boudreau, Cavaillé, Chaminade, Charrol, Coudol, Mme Dubois, MM. Escurier, Forton, Guichard, Klipsch, M. et Mme Lacorre, MM. Loirette, Malvesin, Marquassuzaa, Massart, Maziaud, Neuville, Ploux, Rambié, Ricaud, Trial, Bastide.

Excusé : M. Dubreuilh.

Le secrétaire donne lecture du procès-verbal de la séance du mois d'octobre qui est adopté.

Correspondance. — Avis de décès de M. Gustaf Upmark, du Nordiska Museet de Stockholm; la Société adressera une carte de condoléances.

M. Georges Arnaud exprime à la Société ses remerciements et ceux de sa famille pour les marques de sympathies reçues à l'occasion de la mort de son frère, M. Henri Arnaud.

Nouveau membre. — M. Robert Laporterie, 2, cours Tournon, présenté par MM. Klipsch et Charrol, est admis membre actif de la Société.

Musée. Dons divers. — M. Dubreuilh offre plusieurs poids en cuivre du XVIIIe siècle.

M. Maziaud, un inventaire du château de Lavison, près de Langon.

Le Dr André Abadie et M. Marcel Charrol des cannes du XVIIIe siècle et trois volumes de Restif de la Bretonne, provenant de la collection Daleau.

M. Coudol présente une splendide dague Henri II, en fer et argent ciselé de conservation parfaite.

M. Lacorre montre quatre fragments importants d'une défense de mammouth trouvés à Gironde par M. Bout, ingénieur des Ponts et Chaussées à la Réole. Cette pièce tout à fait remarquable mesure 86 centimètres de longueur.

M. Th. Ricaud poursuit la lecture de son étude sur la Font de l'Or en rappelant qu'au cours de l'année 1759, un mouvement sérieux s'est dessiné en matière de fontainerie. Tandis que le technicien Lucas travaille à répandre l'eau de la Font de l'Or dans toute la partie de la ville riveraine de la Garonne, les projets Brion et Bonfin (renforcement de l'amenée des eaux d'Arlas et du Tondu) sont mis en œuvre. Le captage des sources d'Artiguemale est de nouveau envisagé; celui des sources de Rivière et de Dublan, s'y ajoute. Des fontaines sont créées : place Ste-Colombe, aux carrefours de St-Christoly et du Poisson Salé ainsi que dans la rue des Minimes. Le débit de celle de la place St-Projet est augmenté. La partie décorative n'est pas non plus oubliée. Le sculpteur Francin travaille à une fontaine monumentale destinée à la place du Marché royal. Un autre projet — peut-être dû à l'architecte Jacques-Ange Gabriel — s'élabore afin de garnir d'une fontaine également monumentale la partie inférieure du pavillon central de la place Royale. Le premier sera commencé mais subira un arrêt complet à mi-chemin; le second, dont M. Ricaud montre une photographie, ne sortira pas des cartons de la Jurade.

Entre temps, le corps municipal traite avec le sieur Jouis pour la livraison du secret de sa machine élévatoire. Un accord en résulte, au cours de l'année 1763. Treize ans après, en 1776, Jouis appelle l'attention de la municipalité sur le fait que les eaux de la Font de l'Or se troublent par intermittences. Notre collègue mentionne qu'à ce propos le chimiste Vilaris reçut mission d'examiner, tant la nature des eaux de cette fontaine que de celle des différentes sources avoisinant Bordeaux. Le temps s'écoule et il faut arriver à 1787 pour voir la ville charger les sieurs Bonfin, Thiac, Larroque et Blanc d'étudier les moyens d'organiser un service de distribution d'eau plus conforme aux nécessités du moment. Un rapport circonstancié est fourni par les hommes de l'art. La ville décide de l'imprimer mais pour des causes d'ordre financier tout va rester, une fois de plus, en l'état. Sous la Révolution, en 1791, le mécanicien Lobjeois reprendra la question sur une autre forme. Ce dernier proposera l'abandon complet de la Font de l'Or et l'utilisation — en élevant leurs eaux — des sources de Rivière, de Dublan et de Figuereau, fontaines sur lesquelles M. Ricaud se propose de présenter une étude dans une prochaine séance.

Mme Dubois soumet trois coupes en céramique provenant d'Angkor-Thôm, et une statuette cambodgienne en bronze, pièces très intéressantes d'art asiatique.

M. Neuville communique une palette rituelle hindoue en bronze. Ces palettes sont employées pour tracer sur la figure les signes de différentes couleurs spéciales aux diverses sectes religieuses.

M. Maziaud, ayant acquis une importante série de poteries samiennes, de plusieurs époques et provenances, les présente à nos collègues. Les ornementations en sont fort remarquées.

M. Nicolaï fait passer sous les yeux de l'assemblée un fac-similé des lettres de Henri IV provenant des presses du comte de Lasteyrie. On sait que ces lithographies sont parmi les premiers essais tentés en France.

Il est procédé ensuite au vote pour le renouvellement du tiers sortant des membres du Conseil. MM. Dubreuilh, Ricaud, Dr Boudreau, Trial et Bastide sont réélus. M. Loirette a été nommé au siège vacant.

L'ordre du jour étant épuisé, le président lève la séance, après avoir remercié nos collègues pour leurs dons, présentations et communications très intéressantes, à 22 h. 40.

Le Secrétaire,
Edmond Bastide

Séance du 14 décembre 1928.

Présidence de M. A. NICOLAI, président.

La séance est ouverte à 20 heures 50.

Présidents : MM. Nicolaï, Ausbert, A. Béraud, J. Béraud, Bertaud, Dr Boudreau, Cadis, Cavaillé, Chaminade, Charrol, Coudol, Coulombié, Escurier, Forton, Guichard, M. et Mme Lacorre, MM. Laporterie, Marquassuzaa, Massart, Maziaud, Neuville, Ricaud, Sauveroche, Trial, Bastide.

Excusés : MM. Bardié, Corbineau, Dubreuilh, Klipsch, Loirette, Mortier.

Le secrétaire donne lecture du procès-verbal de la réunion de novembre qui est adopté.

Le président donne la composition du bureau pour l'année 1929 qui est ainsi composé :

Président : M. A. Nicolaï; vice-présidents : MM. A. Dubreuilh et Th. Ricaud; secrétaire général : M. Marcel Charrol; secrétaires : MM. Edmond Bastide et Charles Klipsch; trésorier : M. Pierre Trial; archiviste : M. G. Maziaud; conseillers : MM. Rambié, Amtmann, Coudol, Bouchon, Dr Boudreau, Malvesin et Loirette.

Nouveaux membres. — M. Ballan de Ballansée, artiste peintre à Rions, présenté par MM. Camille Jullian et Redeuilh.

M. André Momméja, présenté par MM. Klipsch et Trial, ont été élus membres actifs de la Société.

Le président souhaite la bienvenue à M. Robert Laporterie qui assiste pour la première fois à nos séances.

Musée. — Dons divers. — De M. Ch. Klipsch, 11 gravures religieuses du début du XIXe siècle.

De MM. Dr Abadie et M. Charrol, un fusil espagnol, époque Louis XIV, provenant de la collection François Daleau.

De M. Edouard Delpéré, une plaque de ceinturon en cuivre des chemins de fer du Midi, aux armes de Bordeaux.

Présentations. — M. Escurier montre deux jetons de la Chambre des Notaires de Bordeaux, datés de 1756, aux effigies de Louis XV et Louis XVI.

M. Cadis présente un très beau plat émaillé représentant la tête de l'empereur Auguste et au revers un monogramme. Cette pièce très belle date de la Renaissance. Il signale aussi que la façade et les combles de la place Gambetta et la maison de la rue Pillet, n° 2, sont classées comme monuments historiques.

M. Coudol soumet une splendide monture d'épée, damasquinée d'or, dans son écrin, véritable chef-d'œuvre d'orfèvrerie du XVIIIe s., qui intéresse vivement l'assemblée.

M. Lacorre communique une note très documentée sur un morceau d'ambre ou succin, renfermant une petite araignée prise dans sa masse. Ce morceau a été trouvé au Gurp, Gironde. Il ajoute quelques renseignements sur la situation du Gurp et sur les modifications survenues à cette partie de la côte.

Nos collègues MM. Nicolaï, Trial, Dr Boudreau et Charrol, ajoutent certains détails qui complètent cette communication.

MM. Charrol donne lecture du compte rendu des séances de l'exercice écoulé. C'est comme toujours un rapport très fidèle des travaux de la Société, il est vivement apprécié, et l'auditoire, manifeste à son auteur ses vifs remerciements.

M. Th. Ricaud continuant la série de ses études sur les anciennes fontaines de Bordeaux, présente un mémoire sur celle dite de Figuereau.

Notre collègue jette tout d'abord un coup d'œil sur le petit édifice situé en bordure de la rue Laroche, qui l'abrite présentement. Il en fournit les principales caractéristiques et décrit l'état d'abandon que présente cet ensemble, dont il montre deux photographies.

M. Ricaud, rappelle ensuite les deux motifs d'ordre assez différent qui valurent à la fontaine de Figuereau une véritable notoriété :

1° Procession s'y déroulant dans les temps de sécheresse;

2° Origine de l'industrie curieuse, dite des marchands d'eau.

Notre collègue s'attache aujourd'hui, à fournir des renseignements relatifs au premier point.

A cet effet, il donne la relation complète et inédite de la procession qui s'y déroula au mois de mai 1716, dont les détails ont été puisés dans l'un des registres capitulaires de la collégiale de Saint-Seurin de Bordeaux.

M. Ricaud, donne en terminant, communication d'une note de notre collègue M. Ch. Klipsch et contenant divers renseignements sur la Vve Porcher et son gendre le sieur Salomon Couralet, gardien de la fontaine de Figuereau au XVIIe siècle, lesquels appartenant à la R. P. R. furent au lendemain de la Révocation de l'Edit de Nantes, privés de leurs fonctions et durent ensuite s'exiler.

La suite du travail de M. Th. Ricaud est renvoyé à une prochaine séance.

M. A. Nicolaï communique plusieurs documents inédits d'un haut intérêt, notamment une lettre adressée de Paris à M. de Robillard, avocat à la Cour des Aides de Bordeaux, sur les scandales causés par les empoisonnements de la Voisin, qui rejaillirent même à la cour de Louis XIV et un procès-verbal d'enquête concernant M. de Taste, sieur de Labarthe, donnant les noms de plusieurs capitaines gascons, compagnons de Monluc pendant le siège de Sienne, ignorés jusqu'ici.

L'ordre du jour étant épuisé, le président remercie nos collègues pour leurs dons au musée, présentations et communications et lève la séance à 22 h. 30.

Le Secrétaire,
Edmond BASTIDE

Le Gérant : Marcel CHARROL

Bordeaux. — Imp. J. Bière, 18, rue du Peugue. — 1932.

TABLE DES MATIÈRES

BULLETIN ET MÉMOIRES
DE LA
SOCIÉTÉ ARCHÉOLOGIQUE
DE BORDEAUX

Reconnue d'utilité publique par décret du 11 Mars 1915

TOME XLV

1928

BULLETIN TRIMESTRIEL

3e et 4e TRIMESTRES

BORDEAUX
IMPRIMERIE BIÈRE
18, Rue du Peugue, 18

1932

Compte-rendu des travaux 1927-1928

par Marcel CHARROL
Secrétaire général

Messieurs,

C'est avec une satisfaction profonde, que nous prenons ici la parole pour retracer les travaux accomplis par notre Société dans la période 1927-1928; avec satisfaction, disons nous, car nous devons vous mentionner la première manifestation publique de notre effort social.

Pour la première fois, en effet nous avons eu à participer à une Foire de Bordeaux dans des conditions qui pouvaient nous être défavorables. L'expérience a réussi au delà de nos désirs et grâce à la collaboration d'un sérieux noyau de nos collègues qui n'ont regretté ni leur temps ni leur peine, disons aussi ni leur dépense, nous sommes parvenus à faire une présentation qui a été très appréciée, et marquera une date dans nos annales.

Je tiens à rappeler ici les noms de ceux qui se sont particulièrement dévoués, et auxquels doit aller notre reconnaissance : MM. Coudol, Bouchon, Nicolaï, Rambié, Daleau, Maziaud, Trial, Forton, Klipsch, Bastide, Sauveroche, Bardié, Ferbos, Neuville, etc...

Je dois un témoignage spécial à M. Jacques Trial, qui nous a obtenu la concession du stand et certains détails d'installation. A tous merci, au nom de la Société

Nous avons figuré avec honneur au Congrès des Sociétés Savantes; notre délégué, M. Nicolaï, a lu une étude très intéressante sur les *poteries gallo-romaines*, qui a obtenu, avec justice, un vif succès.

M. Aug. Conil a été lauréat de la Société Française d'Archéologie, une médaille d'argent lui ayant été décernée pour l'ensemble de ses travaux.

Nous nous sommes réjouis de tout cœur de la haute distinction conférée à notre président M. Rambié et à M. le Dr Peyneau, chacun d'eux a reçu avec l'étoile de la Légion d'Honneur la récompense de son dévouement à la chose publique.

Si l'étude de notre région prime dans notre esprit le reste du pays, nous ne sommes pas insensibles aux beaux spectacles du dehors. Aussi avions-nous accepté avec joie l'offre d'une conférence sur cet ensemble aussi gracieux qu'agréable présenté par la ville de Gand. C'est M. Edgard Lippens qui nous a fait connaître sa cité, heureusement peu éprouvée par les quatre années de l'occupation allemande et vous savez avec quel goût délicat il a traité son séduisant sujet, et combien vous avez pris de plaisir à l'entendre et à l'applaudir.

Par contre je regrette d'avoir à rappeler, ici, la mort de plusieurs de nos collègues parmi ceux qui ont fait le plus d'honneur à la Société. M. François Daleau, que nous entourions tous d'une affectueuse estime due à sa haute compétence scientifique; M. l'abbé Labrie qui marchait sur ses traces et serait devenu le chef de la préhistoire girondine; MM. Ch. Petit de Meurville et A. Grenier qu'une déjà longue collaboration unissaient à la Société. Enfin, M. Louis Bourcier dont le pinceau avait été formé à l'école de Colin et de Pierre Bernède, qui lui avaient communiqué la précision du détail et l'amour du coloris de bon aloi. M. H. Arnaud, dont la bienveillance, nous faisait profiter de sa sûre documentation et de sa vaste érudition.

Travaux.

Il suffit de parcourir la liste de nos ordres du jour pour voir le nombre et la qualité des travaux présentés.

C'est toujours M. de Mensignac qui tient la tête avec ses notes sur une médaille et trois jetons de cuivre des XVIe et XVIIe siècles de la collection G. Grangé; sur les pièces de monnaies percées employées comme amulettes, et d'autres questions de numismatique.

M. Nicolaï qui s'est attaché à l'étude de la céramique primitive, nous a lu divers travaux très documentés : sur les Graffites de La Graufesenque et sur les signes présumés magiques, inscrits sur les poteries de Glozel. Le terrain est brûlant, passons... Il nous a aussi entretenu du projet complémentaire de Loi sur le dépècement des monuments anciens, qu'il a commenté avec son talent de juriste; puis une dissertation très poussée sur les plaques en terre cuite du Ier au IVe siècle, de la collection Neuville sauvées de l'incendie du Musée de Strasbourg.

Enfin il nous a fait une relation étincelante du Congrès de Cahors aussi précise que fidèle.

M. Ricaud, qui consacre tous ses moments disponibles à l'exploration des archives publiques nous a soumis un copieux travail sur la « Font de l'Or » son origine, ses modifications et les praticiens qui l'ont successivement transformée, et deux notes sur les dépendances de la Chartreuse de Bordeaux en 1675, et sur la trace dans le procès-verbal de 1790 relatif aux biens de la Chartreuse de Bordeaux de l'Ostensoir italien, or et agate, conservé au Musée de Lalande.

M. Loirette dont nous saluons la venue parmi nous, nous a donné quelques détails sur la construction du Maître-autel de l'église Notre-Dame et son attribution définitive à J. B. Péru, sculpteur avignonnais; sur la venue et les travaux de Francin à Bordeaux de 1754 à 1757 et nous a fait part de la découverte d'objets faite à Saint-Magne-de-Castillon, et de la jolie agrafe mérovingienne qui a été conservée.

M. Arnaud, amateur aussi compétent qu'écrivain érudit, nous a présenté un rare exemplaire de la Pétition à la Convention, au nom des mères de famille de Bordeaux, signée par la célèbre Mme Tallien, et a précisé le rôle des imprimeurs de cette époque.

M. Corbineau nous a donné un relevé exact d'un four de potier gallo-romain qu'il a eu le plaisir de découvrir à Vayres.

M. J. Béraud nous a soumis un lot de vases gallo-romains trouvés à Cadaujac, trouvaille dont il nous a donné un plan très complet.

M. Bardié nous a tenu au courant des regrettables dispersions de boiseries artistiques bordelaises.

M. Klipsch nous a communiqué le texte du livret de Pierre Laffitte, inscrit maritime, fait prisonnier par les Anglais en 1795 et libéré seulement dix-huit mois après; tandis que Nicolas Jacques Thierry dont M. Bastide nous a narré les aventures en nous montrant son livre de rapports ne put regagner la France, qu'en 1802 six ans après son départ.

M. l'abbé Royer, nous a signalé plusieurs tableaux de peintres bordelais se trouvant dans la cathédrale de Lisieux, et a fait ressortir tout l'intérêt de ces productions artistiques.

M. Barennes nous a narré avec émotion sa visite au domaine des Trois-Ilots (Martinique), lieu de naissance de la future Impératrice Joséphine, et les souvenirs évoqués par ce pèlerinage.

M. Rambié nous a fait part de ses recherches dans le fonds de la Chambre de Commerce au sujet de la Bourse des Marchands qui avait précédé les trois organisations commerciales de Bordeaux.

M. Trial nous a lu une note sur la croix de l'Epine et sur la rue Beaufleury toutes se rattachant à notre vieux Bordeaux.

M. R. Lépront que M. Corbineau a formé à la préhistoire nous a associé à ses trouvailles dans les environs immédiats de Sainte-Terre, les résultats qu'il a obtenus permettent de nombreuses espérances.

M. Goujas nous a adressé une note sur la cloche de l'église de Vérac, bénie en 1560.

M. le chanoine Lamartinie a décrit devant nous quelques chapiteaux de l'ancienne église de Dieulivol et retracé la physionomie du monument.

M. André Garde nous a envoyé quelque notes et photographies sur une hache polie provenant de Saint-Denis-de-Piles.

Enfin nous avons pu signaler nous-mêmes des restes gallo-romains découverts en 1861 par M. Lancelin, rue Vital-Carles, dont la relation dormait dans les dossiers de la Commission des Monuments historiques de Bordeaux.

Je dois en oublier, Messieurs et je m'en excuse, bien profondément auprès de ceux-là.

Nos séances ont été agrémentées par des présentations nombreuses et variées. Cette partie de nos réunions est fort attachante par les études comparatives qu'elle permet d'établir.

M. Neuville nous a adressé trois armes en bronze d'une remarquable conservation, et plusieurs statuettes gallo-romaines faisant partie de sa collection.

M. Maziaud une peinture représentant la place Royale avec la fontaine, prise en 1818, document très curieux, et un pamphlet contre Napoléon Ier fait à Bordeaux en 1814.

M. Coudol un petit vase en quatre-feuilles, trouvé dans la Charente, deux coffrets en fer forgé et ciselé, productions des plus délicates des xve et xvie siècles et une gracieuse canne à pomme d'or incrusté or vert et rouge d'un travail remarquable.

M. Daleau un médaillon religieux du xviiie siècle probablement emblème de confrérie.

M. Forton, un carreau céramique décoré et un superbe moutardier du service de la Chartreuse XVIIe siècle.

M. Ploux un pot à infusions, faïence de Bordeaux en parfait état.

M. le Dr Boudreau, un porte-bouquet et un petit vase en bronze d'un joli galbe.

Le Musée a eu cette année la visite de deux groupements importants : la Commission des Sites et Monuments du Touring-Club de France venue avec M. Mathieu, directeur à Paris de cet organisme et l'Association centrale des élèves des écoles supérieures. Tous se sont montrés ravis de leur venue au Musée. Son accroissement se poursuit d'ailleurs sur un rythme régulier et il ne se passe pas de mois sans que des dons intéressants soient faits. Rappelons les noms des plus récents : M. le Dr Dusolier gendre de M. Bontemps, qui a bien voulu nous donner la belle agrafe de ceinturon XVe siècle, trouvée à Saint-Emilion. M. René de Vivie une gracieuse statuette d'angelot en bois XVIIe siècle. M. Schmidt un plan de Bordeaux gravé 1840 et un petit portrait du comte Lynch. M. Miller de jolies lithographies tirées vers 1830. M. Chicard, un petit cadenas fer très curieux et de nombreux clichés relatifs au vieux Bordeaux.

M. Sussac, une clef ancienne draguée dans la Garonne. M. Maziaud, de nombreuses monnaies romaines, un jeton et cachet notarial. M. Rousselot une reproduction de l'épure de Robin pour le plafond du Grand Théâtre.

Enfin de nombreux objets provenant de la collection de notre collègue M. Daleau, objets non compris dans les séries préhistoriques et ethnographiques léguées à la ville de Bordeaux.

C'est grâce à la délicatesse et au désintéressement de M. le docteur André Abadie, conseiller général de la Gironde, que nous avons pu faire bénéficier de cette largesse le musée de la Société. En votre nom je lui réitère l'expression de notre gratitude.

Rappelons en outre que la Bibliothèque a reçu de M. Rambié une brochure sur Nicolas Beaujon et les tableaux de la Chambre de commerce par G. Labat, de M. Guignard son important ouvrage en trois parties sur *les Ibéro-Mastiènes* et Tartessos en Aquitaine, et de M. Montandon le 3e volume de la Bibliographie générale de Paléontologie.

Une rubrique nouvelle s'est ajoutée à nos ordres du jour : c'est le mot acquisitions. Vous savez que notre ancien collègue M. Fourché nous a légué une somme dont les intérêts doivent servir à l'accroissement du Musée par l'acquisition de pièces qui devront être exposées. Avec le montant de l'an dernier, nous avons pu acheter récemment les moules de David Johnston et les dessins de Léo Drouyn. Ces objets vont bientôt prendre place dans les vitrines de notre Cluny bordelais.

La suppression de l'octroi allait libérer l'ancien hôtel du Paty de Rayet. Plusieurs d'entre nous ont pensé que le moment était venu de le faire consacrer aux Sociétés savantes de la ville, l'Athénée devenant de plus en plus un siège de la Bourse du Travail.

Vous avez été tenus au courant des démarches faites auprès de M. le Maire pour poursuivre cette réalisation.

Pour mieux poser notre requête nous avions appelé l'ensemble des Sociétés locales à nous soutenir; malgré l'importance du budget municipal et le labeur accompli par les Sociétés savantes la solution a été remise à plus tard...

Il me reste, Messieurs, à vous remercier tous du concours que vous avez prêté à notre bureau pendant cette période; c'est sur ce concours que notre président, M. Rambié, a pu s'appuyer pour aborder, avec quel esprit à la fois ferme et prudent, les multiples questions de détail que le Conseil d'administration a eues à examiner et lui suggérer les solutions les plus heureuses. Au moment où il va abandonner ses fonctions, permettez-moi d'être notre interprète en lui exprimant toute notre reconnaissance.

L'Exposition de la Société Archéologique de Bordeaux à la Foire de Bordeaux 1927. Section des arts décoratifs.

Rapport de la Commission d'organisation.

Votre commission a rempli son mandat en organisant l'exposition d'objets d'art anciens que la Société archéologique avait accepté de faire à la foire de Bordeaux sur la sollicitation du Comité des arts décoratifs. En possession du stand qui avait été gracieusement mis à notre disposition (stand 19) nous nous sommes préoccupés de le garnir et nous avons aussitôt fait appel au concours des membres de notre Société ; tous, nous ont fait le plus aimable accueil, et grâce au libre choix qu'ils nous ont laissé, nous avons pu grouper un nombre de pièces suffisant pour constituer un ensemble séduisant.

La céramique bordelaise a pu réunir des séries qui partant de l'époque gallo-romaine et traversant rapidement le moyen âge nous ont conduit à notre belle faïencerie du XVIIIe siècle; Hustin avec ses successeurs et rivaux, sans oublier les porcelaines de Verneuil, les produits de Boudon de St-Amand, les manufactures de Rateau, de David Johnston et de Vieillard ont représenté un ensemble aussi remarquable que copieux, auquel nos visiteurs ont paru s'intéresser vivement.

Nous devons des remerciements à tous nos collègues qui ont ouvert leur collection : MM. Bouchon, Nicolaï, Rambié, Bardié,

Trial, Duvigneau, Daleau, Charrol, Bastide, Maziaud, Sauveroche, Ferbos, Neuville, Forton, Klipsch, Coudol, sans oublier M. Teillier, qui sans être membre de notre Société nous a apporté le grand plat envoyé par David Johnston à l'Exposition de Paris en 1839.

Le portrait de Mme Tallien de Goya confié par notre collègue M. Ferbos, la vue de Bordeaux attribuée à Vernet par notre collègue M. Sauveroche, des soieries brodées de M. Daleau de Bourg ont particulièrement attiré l'attention.

Chacun a fait de son mieux pour que cette exposition présente un caractère artistique et fasse figure de salon.

La Chambre de commerce avait prêté deux grandes vitrines; deux autres encoignures de style Louis XVI avaient été procurées par M. Maziaud, dont la collaboration jointe à celle de Mme Maziaud a été d'un zèle à toute épreuve; la commission ne saurait assez les remercier. M. Bardié avait envoyé une belle commode Louis XIV en acajou, M. Charrol deux fauteuils Louis XV ravissants. Un classement minutieux avait été fait, notre collègue M. Nicolaï secondé par M. Trial et M. Bastide, avait étiqueté et daté chaque objet, ou chaque groupement d'objets.

Notre stand, a été honoré d'une visite du Ministre et de son cortège, et nous avons été heureux de l'intérêt qu'il a pris à l'examen de nos collections.

Nous devons signaler les concours bénévoles que nous avons trouvé auprès de diverses personnes qui ont bien voulu nous permettre d'assurer une permanence qui s'imposait; en particulier à MMmes Maziaud et Castaing et à Mlle Paul.

Nous ne saurions oublier que notre collègue M. Bouchon, a consacré dans la *Petite Gironde* une notice spéciale à notre exposition accompagnée d'un cliché photographique de notre stand. Nous lui exprimons toute notre gratitude.

En somme votre commission estime que cette première exposition dont l'initiative revient à notre distingué président

M. Rambié, aura été profitable à la Société archéologique qu'elle a contribué à faire davantage connaître du public Bordelais; elle aura aussi servi à son Muséedu Vieux Bordeaux; de nouveaux membres que cette exposition nous a valus ont adhéré à notre Société.

Nous avons la certitude qu'il nous en viendra d'autres; et lors même que cette manifestation de notre vitalité aurait coûté quelque peu à notre trésorerie, nous estimons que nous n'avons rien à regretter, car le léger sacrifice que nous avons fait comporte avec lui un effort d'extériorisation, dont la Société archéologique récupérera un jour ou l'autre le bénéfice moral et matériel.

Elle peut revendiquer le soin d'avoir fait la *premiere exposition complète* de la faïencerie bordelaise du XIXe siècle.

J. Coudol.

L'Eglise de Barsac

Au dire de certains érudits l'église actuelle de Barsac poserait un problème ardu quant à l'époque exacte de sa construction. Des archéologues de valeur sont demeurés surpris par la manière dont elle avait été conçue et, ne pouvant l'expliquer, l'ont déclarée entourée de mystère. Il faut reconnaître que son étude n'est que déception et ne permet d'aboutir à aucune conclusion raisonnable si l'on aborde le problème par la façade principale de l'édifice dans la pensée d'aboutir par elle aux autres parties et d'en pénétrer le secret. Mais si, au lieu de porter exclusivement leur attention sur ce qui leur paraissait la partie la plus représentative du monument, les auteurs l'avaient examiné dans tous ses détails, comme un clinicien fait d'un malade et sans aucune idée préconçue, je ne doute pas qu'ils ne fussent arrivés à un diagnostic qui les a découragés.

L'église Saint-Vincent de Barsac est mentionnée au moyen-âge. On peut lire dans la *Gallia Christiana* qu'Amatus, archevêque de Bordeaux, donna en 1102 au monastère de Saint-Pierre d'*Uzerche* (*sic*) l'église de Saint-Vincent de Barsac[1], et dans Baurein que Guillaume 1er, dit le Templier, élu archevêque de Bordeaux en 1173, donna à son église la quatrième partie de la grande dîme de Barsac qu'il avait acquise de Rostand de Landiras[2].

1. *Gallia Christiana*, tome II p. 808.
2. Abbé Baurein, *Variétés bordelaises*, Bordeaux. Féret, 1876, tome III, p. 161. Edition Mérau.

Ces références ne sont rapportées que pour établir que Barsac possédait une église au XIIe siècle.

Ce n'est pas de cette église, depuis longtemps disparue, qu'il s'agit ici. Mais on doit admettre, en toute certitude, que l'actuelle fut bâtie sur le strict emplacement de la primitive qui fut complètement détruite à la fin du XVe siècle ou au début du XVIe. C'était un acte de tradition absolue.

Une nouvelle église de Barsac fut donc reconstruite. Mais quand? Fut-ce dans les quelques années qui suivirent la destruction de la première ou, beaucoup plus tard, au XVIIIe siècle, comme semble l'attester une inscription dont j'aurai à dire un mot?.

Par suite de l'absence de documents écrits qui auront, sans doute, péri au cours des nombreuses luttes d'autrefois parmi lesquelles celles dues aux révoltes du duc d'Epernon méritent probablement une place de choix, force nous est de n'interroger que l'église elle-même.

Essayons donc de trouver dans cette construction des indications utiles pour lui assigner une date et de rechercher si aucune de ses pierres ne consentira à nous mettre sur la trace de son origine et à nous dévoiler son secret.

Mais, avant que d'entrer dans le vif de la question, résumons ce que les textes nous ont appris de l'église de Barsac. C'est indispensable pour une argumentation sérieuse et cet historique aura quelque utilité, ne serait-ce que de me permettre d'être bref par la suite.

Dans les Comptes rendus des travaux de la commission des monuments et documents historiques et bâtiments civils de la Gironde, au volume de la XVIIIe année, page 51, on trouve une note de M. l'abbé Despax, curé de Barsac, dans laquelle il déclare avoir découvert des pièces qui l'ont mis, pense-t-il, sur la voie de l'époque exacte de la construction de l'église. Un devis, dressé en 1708, pour le placement d'une horloge et quelques sculptures du portail de la façade fait mention d'une dédicace à inscrire dans la moulure de l'arcade.

Telle était cette dédicace :

In honorem Sancti Christi Martiris Vincentii opus hoc abhinc quinquenis inchoatum perficere hujus ecclesiae administratores exeunte anno Domini M.DCCVIII[1].

C'est donc sous Armand Bazin de Bezons, archevêque de Bordeaux, que l'église de Barsac aurait été bâtie, entre 1703 et 1708, à s'en tenir au strict témoignage de cette inscription.

La fabrique, n'agissant qu'avec ses seules ressources, ne mena pas son travail à bonne fin d'une seule coulée. Epuisée par l'œuvre de ces cinq années elle attendit pendant plus d'un demi-siècle avant d'entreprendre l'ornementation intérieure de l'église. C'est qu'en 1736 elle dut remédier à la ruine d'une partie des voûtes du côté gauche du transept (chapelle Sainte-Anne) qui étaient déjà tombées.

Ce n'est qu'en 1761 qu'elle dota son clocher de deux cloches nouvelles.

De 1761 à 1769 furent construits les beaux rétables en pierre et marbre des côtés nord et sud.

En 1774 furent construites la salle du conseil et les deux chapelles de Sainte-Barbe (fonts baptismaux) et de Saint-Jean (chapelle des morts).

Tels sont donc les documents écrits que nous possédons sur l'église de Barsac.

Ils ne sont, cependant, pas les seuls. Brutails en a fourni d'autres, non moins authentiques[2]. Et ce supplément d'information n'apporte pas un surcroît de clarté. Car s'il est constant que, de l'inscription déjà mentionnée, il résulte que le début de la construction de l'église remonte à 1703, il est non

1. En l'honneur de Saint-Vincent, martyr du Christ, les administrateurs de cette église ont achevé cet ouvrage, commencé depuis cinq ans, à la fin de l'année du Seigneur 1708.

2. *Les vieilles Eglises de la Gironde*, p. 27.

moins constant qu'en 1700 on traitait avec des maçons pour agrandir le portail et que, le 10 août, il était payé 27 livres au menuisier qui avait fait la porte; qu'en 1702, des pierres, de la chaux et du bois venaient d'être charroyés pour la réparation de l'église; qu'en 1703 on descendait les cloches; qu'en août de cette même année, on « besognait à la charpente »; qu'en 1704, on prévoyait une dépense de 14.700 livres, à l'estimation de l'architecte Joigneau; que le 6 mai de cette même année, le même architecte est chargé de refaire la voûte de la chapelle du côté gauche.

De 1752 à 1756 fut édifiée la tribune. Et l'ancien escalier conduisant aux voûtes fut démoli.

Nous sommes donc en présence de documents qui affirment au sujet de l'église de Barsac un travail de construction des plus importants effectué au début du XVIIIe siècle, poursuivi ultérieurement sous forme d'améliorations ou de réparations. Cela n'est pas discutable.

Mais où je me sépare nettement de l'opinion jusqu'ici admise c'est en prétendant que ce travail de construction ne concerne que la façade principale de l'église et son clocher et nullement l'église en son entier. Et par là je crois apporter la solution de l'énigme de l'église de Barsac. Serrons donc la question de près. Elle le mérite.

L'église Saint-Vincent de Barsac telle qu'elle se présente actuellement à nos yeux nous révèle une architecture de deux époques.

La nef, les bras de transept, l'abside et la partie inférieure de la façade sont du XVIe siècle.

La seconde construction, soit le reste de la façade, les portes et le clocher s'établit au XVIIIe siècle

Je fais volontairement abstraction des travaux postérieurs, négligeables pour ma démonstration, qui ne concernent que de menues réparations.

La disposition des voûtes avec leurs arcs en anse de panier, ces moulurations gothiques si purement classiques sont bien de cette époque de transition que fut la Renaissance. Mais j'avoue que j'ai puisé ma conviction moins encore dans ces vestiges, cependant importants, que dans l'étude du tombeau qui est dans la chapelle dite des morts ou de Saint-Jean. Ce tombeau est, sans doute possible, un échantillon parfait de la Renaissance. Il rappelle beaucoup celui que possède l'église d'Uzeste et, comme lui, a subi de notables injures dont une partie est incontestablement due au temps, mais une autre est le fait des manipulations dont il a été l'objet quand il a été déplacé au profit de cette chapelle[1]. Pourtant, tel qu'il est encore, il suffit de voir ces fines moulurations, ces colonnettes élégantes et surtout ces niches à coquille qui forment son ornement et qui rappellent si bien celles du château de Blois, pour ne garder aucun doute sur l'époque à laquelle vivait celui qui l'a sculpté.

Et pour majeure assurance, et ce sera en même temps pour l'identification du mort qu'il glorifie, je citerai l'abbé Brun[2].

Jehan de Loupes de Castelferrus, chanoine de Bazas et doyen d'Uzeste, fut un homme opulent et de haute valeur intellectuelle. Ses richesses ayant excité la convoitise de ses domestiques, ceux-ci l'assassinèrent pour le voler mieux, le 13 juillet 1534. Il fut inhumé dans l'église de Barsac.

Il y avait lieu de se demander si le tombeau de l'église de Barsac est bien celui de ce personnage. Il ne faut pas en douter. Il résulte d'un manuscrit que m'a communiqué, le 23 mars 1923, le curé de Barsac, que ce tombeau est bien celui de Jehan de Loupes.

Le prix de revient des travaux qui furent exécutés au début du XVIIIe siècle indique assez que leur montant ne pouvait prétendre à couvrir que des œuvres d'importance relativement faible. En vérité, il faudrait une certaine candeur à

1. Cette chapelle ne fut construite qu'en 1774. Voir plus haut.
2. Abbé G. Brun, *Uzeste et Clément V*, Bordeaux, Féret, 1899. p. 46.

qui voudrait admettre que pour la somme de 14.700 livres, même en tenant compte de notre dépréciation du franc, on pût édifier en 1708 une église de l'importance de celle de Barsac.

Veut-on d'autres preuves que les travaux de 1703-1708 ne concernent que des œuvres d'agrandissement ou de réfection partielle intervenues sur une construction préexistante?

En voici. Et je ne déduis plus maintenant, je cite.

En 1700 on agrandit le portail et on paie 27 livres au menuisier qui a ouvré la porte. En 1702 on charroye des matériaux pour la *réparation* et en 1703 on descend les cloches.

Comment interpréter ces textes s'il s'agissait d'une construction amorcée seulement en 1703?

Comment admettre encore que les voûtes ont besoin d'être secourues en 1704? et que la fabrique prend à sa charge leur réfection? S'il s'était agi de voûtes neuves, contemporaines de ces travaux, leurs lézardes auraient trahi une malfaçon de l'architecte que la fabrique n'aurait eu, j'imagine, aucun penchant à couvrir.

La fabrique n'aurait pas *chargé* l'architecte de les refaire. Elle l'aurait mis en demeure de s'exécuter, sans plus.

Mais, pourtant, cette inscription? J'y arrive.

Où devait-on la mettre? Dans la façade? Que disait-elle? « Les administrateurs ont achevé cet ouvrage *opus hoc* ». Elle ne disait pas : *ont achevé celle église*. Et si, sans faire absolument un faux sens au point de vue grammatical, il a été longtemps possible de traduire « *opus* » par église, on conviendra que la traduction littérale confirme singulièrement ma manière de voir.

Ces notes suffisent à la démonstration que j'ai entreprise. Je n'ai pas dessein d'allonger ce travail par une description copieuse de l'église de Barsac. Si j'ai réussi à faire admettre mon opinion, les plans que je joins à ma communication et les légendes dont je les accompagne, seront un guide suf-

Dessins A. Bontemps

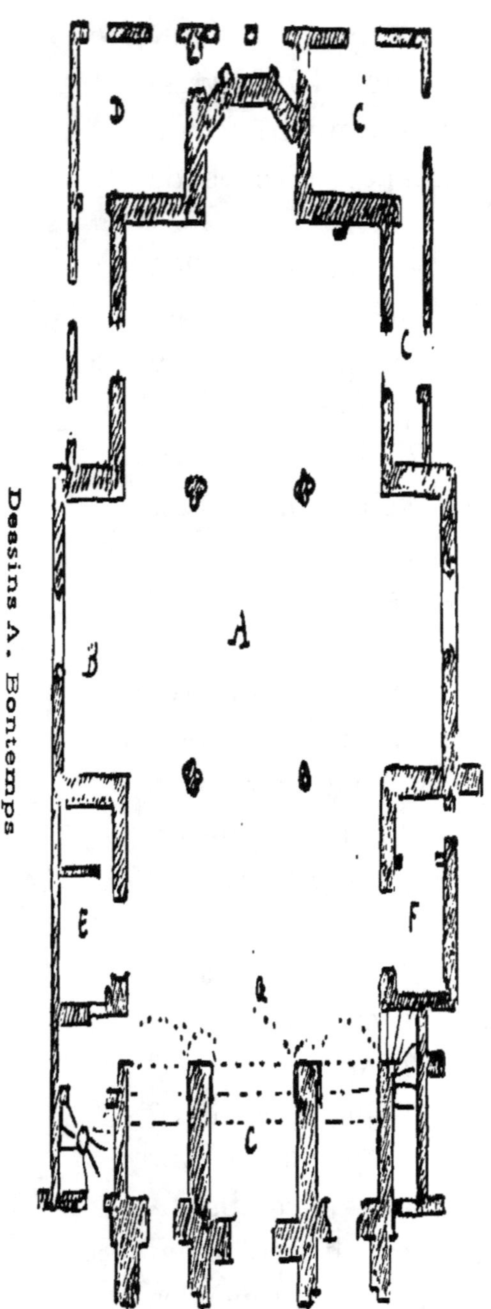

LÉGENDE

—

A. Partie du XVIe siécle.
B. C. Parties faites en 1704.
D. Parties faite en 1774-1775.
E. F. Parties faites en 1787.
G. Tribunes 1752 à 1756.

Eglise actuelle de Barsac

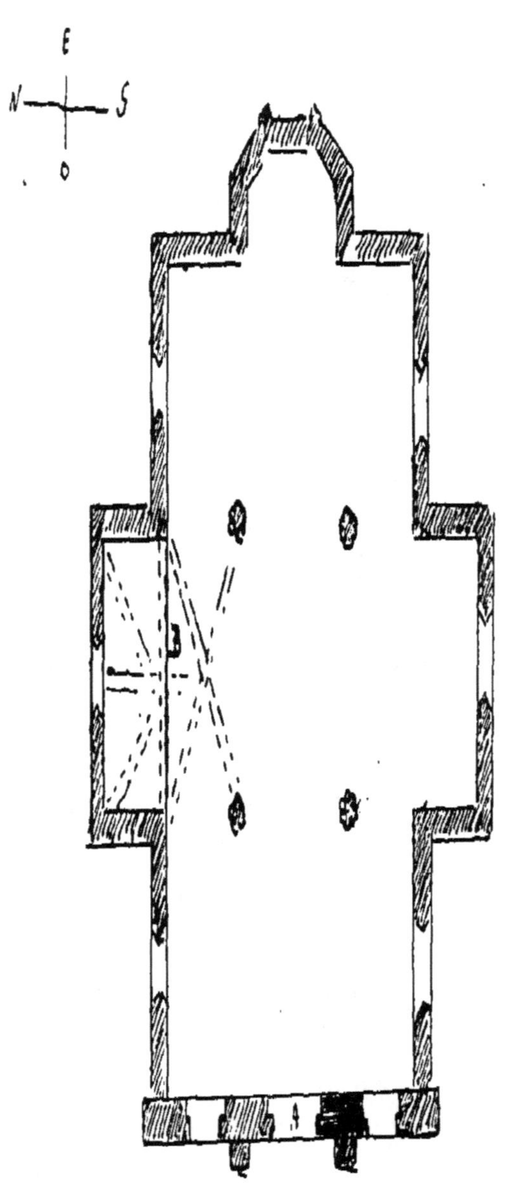

LÉGENDE

—

A. Agrandissement de 1704.
B. Partie de voute refaite en 1704.

Eglise primitive de Barsac

fisant pour le lecteur que j'aurai intéressé et qui voudrait vérifier mes dires sur place. Je n'ajouterai que très peu de choses pour terminer, entre autres qu'il existe, sur la face droite du contrefort qui est à gauche de la porte d'entrée, une inscription en caractères gothiques, trop frustes pour être déchiffrés, mais qui prouve encore cette construction antérieure.

Enfin, on apprendra peut-être avec quelque intérêt que l'église de Barsac fut inondée à deux reprises : une première fois en 1770, où le niveau de l'eau dépassa quatre pieds, une deuxième fois en 1791, où il atteignit près d'un pied et demi.

En 1843, la foudre frappa le clocher et y mit le feu. Le dôme s'écroula, la charpente fut brûlée et les cloches précipitées.

On procéda, l'année suivante, à la réparation et on en profita pour porter à quatre les contreforts de la façade.

A. BONTEMPS.

Médaillon religieux

de la fin de la Renaissance

employé dans l'obstétrique

par Camille de Mensignac

Le curieux médaillon en laiton ou cuivre jaune, dont nous donnons, ci-dessous, la description, est d'une facture naïve et d'une valeur artistique médiocre. Très intéressant à cause des sujets religieux représentés, il a été fait pour un milieu essentiellement populaire. De fabrication française et dans un parfait état de conservation, il remonte à la fin de la Renaissance ou aux quatre ou cinq premières années du XVIIe siècle comme nous le démontrerons plus loin. Il a appartenu, pendant les XVIIIe et XIXe siècles, à une des vieilles familles bordelaises du quartier Saint-Michel de Bordeaux.

D'après ceux qui le possédaient il avait la vertu de procurer aux femmes enceintes une heureuse délivrance. Pour cela il devait être placé dans le lit de la femme en gésine, de façon que les reins de la parturiente reposent dessus.

Cet objet religieux de forme ronde, a un diamètre de 46 millimètres. Il se compose, extérieurement, de deux plaques de laiton avec sujets estampés et possède, sur chacune des faces, une petite porte à coulisse, cachant deux gravures noires coloriées à la main, placées dans l'intérieur du médaillon. Il est garni à sa partie supérieure d'un anneau de suspension.

Première face. — Le tableau central de cette face, qui mesure 23 millimètres de haut sur 20 millimètres de large, montre au premier plan le crucifiement. Au pied de la croix figurent deux grands os de mort en sautoir. Au second plan sont placés à la droite du Christ le soleil à figure humaine projetant des rayons droits, et à sa gauche la lune à face humaine.

Dans l'iconographie chrétienne la place du soleil est toujours à droite, avec la lune en vis-à-vis, car il a sur elle la préséance comme le premier des astres.

Dans le fond on voit la ville de Jérusalem avec ses remparts et les nombreux édifices qui la décorent; au bas du tableau l'inscription : IERVSALEM. Cette scène est entourée d'un cadre perlé.

A droite et à gauche du sujet principal on remarque une statue de la Sainte Vierge. D'un côté elle figure une des nombreuses vierges miraculeuses de pèlerinage, debout nimbée, couronnée portant sur son bras gauche l'enfant Jésus nimbé lui aussi; de l'autre côté elle est représentée assise, les mains jointes le visage triste tourné vers le corps de son divin fils crucifié.

Dans le haut du médaillon on remarque, entre deux étoiles, un saint agenouillé sur un prie-dieu devant un crucifix. Ce groupe doit vraisemblablement montrer saint François d'Assise devant le crucifix, qui lui parla.

Dans le bas de ce bijou figure, entre deux étoiles, une jolie fleur de lis.

L'ensemble des divers sujets, représentés sur ce médaillon, est enfermé dans un grand cercle de grosses perles.

Dans l'intérieur, au-dessous de la porte à coulisse, figure, recouverte d'une très légère feuille de mica, une petite gravure en noir coloriée à la main, représentant le buste du Christ, tourné et regardant à gauche. Entouré d'une grande auréole flamboyante, le Sauveur est habillé d'une tunique de couleur pourpre et d'un manteau bleu. Vêtements, qui indiquent le rouge le sang versé sur la croix et la souveraineté et le bleu son origine céleste.

Deuxième face. — Le groupe principal de cette scène, qui occupe la partie centrale du médaillon et tout le panneau de la porte à coulisse, offre la représentation de l'exposition du Saint Sacrement, dont deux anges adorateurs, agenouillés, soutiennent de leurs mains la monstrance. Sous ce vase sacré figure une tête d'ange avec des ailes. Cette scène religieuse est enfermée dans un cadre perlé.

Les deux personnages, placés à droite et à gauche de la porte se rapportent à l'Annonciation. L'archange Gabriel, vêtu d'une longue tunique en forme de robe, ceinte à la taille et échancrée sur le côté pour ne pas gêner la marche et produire un effet de nu, est humblement agenouillé et tient de la main droite un lis à trois branches.

Aux xve et xvie siècles l'ange Gabriel, dans l'Annonciation, est toujours représenté agenouillé[1].

La Vierge Marie à genoux sur un prie-dieu, la tête baissée, voilée par son manteau, le visage craintif et troublé porte la main gauche à son cœur.

Dans le haut de ce médaillon, on remarque entre deux étoiles, les bustes nimbés d'un saint portant toute la barbe et d'une sainte dont le manteau recouvre la tête et au-dessus entre leurs deux têtes la figuration du soleil. Tout nous fait supposer que ce curieux groupe doit représenter la Sainte

1. Dans l'iconographie chrétienne en ce qui concerne l'Annonciation, l'Ange Gabriel offre une triple attitude : il est debout et posé, type primitif; il s'agenouille humblement, type des xve et xvie siècles; il vole ne mettant pas le pied à terre, type moderne.

Vierge et saint Joseph, car la plus grande partie des sujets figurés sur ce médaillon se rapportent à la mère de Dieu.

Dans le bas, comme sur l'autre face, une fleur de lis entre deux étoiles.

L'ensemble des sujets composant ce thème religieux est entouré, comme sur l'autre face, d'un grand rond de perles.

Dans l'intérieur de ce médaillon, figure, comme de l'autre côté, immédiatement sous la porte à coulisse, recouverte d'une légère feuille de mica, une image coloriée de la Sainte Vierge, vue de face, à mi-corps, et entourée d'une grande auréole flamboyante. Cette petite estampe, gravée en noir, a été peinte à la main. L'auréole, qui entoure la Vierge Marie est de couleur rouge. Le costume de la Sainte Vierge se compose d'une robe et d'un grand manteau formant voile sur sa tête. Ce dernier vêtement est peint en bleu.

Coïncidence intéressante, certains grands rétables de la fin de la Renaissance et des quatre ou cinq premières années du XVIIe siècle offrent la représentation, à droite et à gauche du grand tableau de l'autel de portraits médaillons du Christ et de la Vierge Marie. Le Musée Lapidaire de Bordeaux possède, dans ses magnifiques collections, un très beau rétable en pierre sculptée, édifié en 1604, offrant cette représentation. Il provient d'une des chapelles latérales de l'ancienne église conventuelle des religieux Feuillants de Bordeaux.

La forme des fleurs de lis, l'agenouillement de l'archange Gabriel, les bustes du Christ et de la Sainte Vierge, les costumes dont sont revêtus les personnages figurés dans les diverses scènes représentées et l'ensemble des ornements qui le décorent, indiquent suffisamment que ce curieux et intéressant médaillon religieux remonte à la fin de la Renaissance ou aux quatre ou cinq premières années du XVIIe siècle.

Les fouilles de l'ancien lycée de Bordeaux, pour l'édification des Facultés des Sciences et des Lettres, ont fait découvrir, sur l'emplacement du cimetière du couvent des sœurs de la Visitation de Bordeaux, un médaillon religieux en étain avec images coloriées dans l'intérieur.

En 1856, lors du défoncement de l'ancien cimetière de Saint-Michel à Bordeaux, on a mis à jour passablement de fragments de médaillons religieux avec images coloriées dans le genre de celui que nous venons de décrire. Plusieurs de ces fragments font partie des collections du musée d'armes de notre ville. Cet ensemble de découvertes indique qu'aux XVIe, XVIIe et XVIIIe siècles ce genre de médaillons religieux était très populaire à Bordeaux.

Les terrassements opérés en 1856 sur l'emplacement de l'antique nécropole de Saint-Michel de Bordeaux, dont l'origine remonte à l'époque romaine comme nous l'avons indiqué sur notre plan de « Emplacement de la ville romaine de Bordeaux du Ier à la fin du IIIe siècle » (*Société archéologique de Bordeaux*, tome VII, pl. V), outre les détails de médaillons religieux que nous venons de signaler, ont fourni pour les collections municipales bordelaises, vingt-et un bijoux, croix et bagues du XVIIe siècle, et un certain nombre d'amulettes en pierre, connues des naturalistes sous le nom de pierre de croix. On avait, autrefois, la croyance que ces talismans de pierre préservaient des naufrages, des morsures de chiens enragés, guérissaient les maux d'yeux, arrêtaient le sang et faisaient perdre les fièvres.

Voici comment Camby à la page 158 du tome III de son *Voyage dans le Finistère en* 1794 *et* 1795, s'exprime au sujet de ces curieuses et intéressantes amulettes : « A Coadrix, « près de Scaër, on ramasse de ces pierres nommées pierres « de croix par les naturalistes. Les pauvres les donnent, les « vendent aux pèlerins, aux étrangers; il est peu de ménage « où l'on n'en conserve comme préservatifs, comme talismans « contre les naufrages et les chiens enragés : on la croit « propre à guérir les maux d'yeux; des religieuses en fai-

« soient des sachets qu'on suspendoit au col, qu'on portoit « dans sa poche.

« Cette pierre est encore commune dans le territoire de « Coray. De l'Isle la rapporte aux genres de cristaux micacés; « elle ne doit suivant lui, cette forme plus ou moins régulière « qu'à la réunion de deux prismes hexagones tronqués qui se « joignent tantôt à angle droit, tantôt en sautoir ou en croix « de Saint André. »

Le R. P. Claude du Molinet à la page 219 de l'ouvrage *Cabinet de la Bibliothèque Sainte-Geneviève*, décrit ainsi cette croix : « Cette pierre qui porte des deux cotez la figure d'une « croix bien représentée, se trouve en plusieurs endroits de la « France. On m'en a donné qui venoient de Normandie, et « d'autres qui venoient de Bretagne. J'en ay donné plusieurs « de ces dernières à mes amis; leur figure est quarrée et leur « matière semble être de la mine de fer; elles sont rougeâtres « en tirant sur le noir. J'ay encore une autre espèce de cette « pierre appelée en latin *lapillus crucis*, qui pourroit bien « venir du royaume de Galice en Espagne; c'est une croix « noire et pattée qui est sur un fond gris. Louis Septalins en « parle dans une lettre qu'il écrit à Calceolarius, lequel « l'a tournée en latin dans son Musœum; il dit qu'on la « trouve à vingt mille de Saint-Jacques en Galice, qu'on « lui attribue la vertu d'arrêter le sang, aussi bien que de « faire perdre les fièvres. Le P. Kircher fait mention de ces « pierres dans un petit livre qu'il a composé *De prodigiosis* « *crucibus*.. »

Le Musée d'armes et d'objets anciens de Bordeaux possède deux ou trois exemplaires des premières de ces pierres de croix.

Particularité des plus curieuses et des plus intéressantes, parmi les cercueils en pierre, qui se trouvaient encore enfouis dans le sous-sol de cet ancien champ de repos, plusieurs enfermaient, placée à côté du squelette, une bouteille de vin cachetée. La coutume de mettre à côté du mort des bouteilles de vin remonte à Bordeaux au IIIe ou IVe siècle de notre ère.

D'après la tradition populaire bordelaise, c'était afin que le défunt passât gaiement la barque à Caron que les parents mettaient dans le cercueil du décédé une bouteille de vin, ainsi que le confirme une chanson populaire de l'époque de Louis Philippe, dont le refrain se terminait ainsi :

Et pour passer gaiement la barque a Caron
Nous emporterons du sauvignon (vin).

Les anciens cimetières bordelais de Saint-Seurin, de Sainte-Croix et de Saint-Siméon ont donné des découvertes semblables.

Lors des constructions en 1572 de l'ancien collège des Jésuites de Bordeaux et en 1826 de l'Hopital Saint-André de notre ville on a mis à jour deux sarcophages en pierre renfermant chacun une bouteille de vin.

Des découvertes analogues ont été faites en 1857 à Bourg-sur-Gironde et dans les cimetières girondins de Soussans, de Margaux et de Saint-Sulpice. Cette coutume était autrefois très répandue dans le Médoc[1].

Enfin de l'ancien cimetière de Saint-Michel de Bordeaux on a retiré, à diverses époques, de nombreux corps momifiés enfermés actuellement dans le caveau Saint-Michel, une des curiosités de la ville de Bordeaux.

A quoi attribuer les vertus obstétricales accordées à ce curieux et intéressant médaillon religieux bénit que nous venons de décrire, médaillon ayant servi, comme on nous l'a affirmé, dans passablement d'accouchements, non seulement dans la famille bordelaise qui l'a possédé pendant plus de cent cinquante ans, mais encore prêté à des familles amies ?.

1. Camille de Mensignac, *Notice sur les superstitions, dictons, proverbes, devinettes et chansons populaires du département de la Gironde*, Ch. V, « La mort » p. 42 et 43.

Avers

Cl. M. C[illegible]

Revers

Médaillon Renaissance.

Sans doute aux images religieuses qu'il renferme et à celles de la Vierge Marie représentées extérieurement.

Or, on sait que l'usage d'accorder de grandes propriétés médicales aux images religieuse date des premiers siècles de l'Eglise. Ces vertus merveilleuses, qui se sont perpétuées de siècle en siècle, jusqu'à nos jours, ont eu aux XVIe et XVIIe siècle une recrudescence de vogue. L'abbé J. B. Thiers aux pages 354 et 360 de son traité des *Superstitions qui regardent les sacrements*, s'exprime ainsi sur les propriétés médicales et superstitieuses de certaines images religieuses : « on guérit du « mal caduc, du mal de tête et des fièvres, et on est préservé des ma- « lheurs des chemins, de la mort subite, des sorcelleries et des « maléfices en portant sur soi une image qui représente l'adoration « des rois mages avec cette inscription : *Sancti tres reges,* « *Gaspar, Melchior, Balthazar, orate pro nobis, nunc et in hora* « *mortis nostrae.* En 1679 je trouvais une de ces images enfer- « mée dans un phylactère d'étain pendu au coup d'un petit « enfant ».

A notre époque l'imagerie religieuse jouit de grandes vertus médicales. Paul Parfait dans *L'arsenal de la dévotion* à l'article « image » dit qu'il est attribué actuellement de grandes propriétés médicales aux imageries du Sacré-cœur de Jésus, du Sacré-cœur de la Vierge, de Saint Joseph, de Sainte Philomène, etc, etc...

Une des images religieuses, actuellement, la plus en vogue est celle de Saint Christophe, martyr. Ses attributions sont multiples car elle préserve des pestes, des épidémies, des tremblements de terre, de la foudre, des tempêtes, des incendies, des inondations, des accidents d'auto, de la mort subite, etc...

Depuis des siècles, comme les images, les médailles religieuses, catholiques jouissent de vertus merveilleuses et de grandes propriétés médicales. Leurs principales attributions sont de préserver, ceux qui les portent, des atteintes des épidémies, des pestes, du choléra, de tous les accidents terrestres, des naufrages, de la mort subite, du mal donné, des maléfices. Elles guérissent aussi les femmes de la stérilité, des maladies de poitrine, de peau, de Saint Antoine.

Nous pourrions citer encore un certain nombre de maladies dans lesquelles de nombreuses médailles religieuses sont employées.

La plus renommée de ces médailles religieuses est celle de Saint Benoit ou médaille contre le diable.

On peut encore supposer que le médaillon religieux, sujet de cette modeste note, a dû être également sanctifié par son attouchement à une des Vierges miraculeuses ou bien à une des nombreuses reliques de la Vierge Marie, dont les propriétés étaient de procurer aux femmes enceintes d'heureuses couches.

Comme il était dangereux de prêter à tous ceux qui le demandaient ou qui en avaient besoin, les saintes reliques, on imagina de porter des objets bénits ayant été mis en contact direct avec les reliques en question. Cette diffusion fut rendue plus commode puisque l'objet bénit, qui avait touché la relique, possédait les mêmes vertus religieuses, médicales, obstétricales que la relique elle-même.

L'emploi des objets religieux afin que la femme mène à terme son fruit et ait une heureuse délivrance a été de tout temps et antiquité et est encore en grand usage parmi les parturientes.

Dans l'obstétrique catholique, toutes les Notre-Dames ou Vierges miraculeuses ont été considérées depuis des siècles comme les patronnes des femmes enceintes. Elles passent pour guérir la stérilité, mais principalement pour faciliter les accouchements et conduire au jour par une voie facile les jeunes chrétiens qui aspirent à naître. Les très nombreux ex-voto qui entourent les célestes images de ces sanctuaires vénérés indiquent particulièrement leurs spécialités et leurs succès.

Parmi les reliques les plus employées pour procurer aux parturientes une heureuse délivrance figurent la ceinture, la chemise, l'anneau et le peigne de la Sainte Vierge. Ensuite les plus en vogue sont celles (ceinture, ossements, etc), de Sainte Marguerite, la Lucine, la Diane des catholiques. On attribuait les mêmes vertus obstétricales à la ceinture de saint Oyan. Dans la circonstance sont également très efficaces les lettres envoyées du ciel.

Outre les principales reliques que nous venons d'indiquer, les *Agnus-Dei* occupent aussi, dans l'obstétrique catholique un des premiers rangs. Ils ont la vertu de protéger les femmes enceintes, d'abréger leurs douleurs et de leur assurer une heureuse délivrance. Pour produire l'effet désiré ce médaillon religieux en cire blanche doit être placé sous l'oreiller de la femme en couche. Ils sont bénits par le pape et dans l'oraison que prononce le Saint Père au moment de la bénédiction il est dit : « Que les douleurs des mères qui enfantent soient calmées et que l'enfant soit conservé sain et sauf avec la mère ».

Les débris d'*Agnus-Dei* passent pour avoir la même efficacité que l'*Agnus* entier.

Dans leur forme primitive les *Agnus-Dei* sont contemporains du cierge pascal, c'est-à-dire du IVe siècle ; mais comme médaillons ornés de l'image de l'agneau, on ne saurait les faire remonter au delà du VIe siècle.

Comme les *Agnus-Dei* sont relativement rares et que peu de personnes en possèdent, dans quelques endroits des Landes, afin de procurer aux femmes en gésine une heureuse délivrance, on place sous l'oreiller ou le coussin de la parturiente des débris du cierge pascal, considérés par les Landais comme ayant les mêmes propriétés obstétricales que l'*Agnus-Dei*.

En beaucoup d'endroits des Landes afin de préserver l'enfant qui vient de naître des maléfices et autres malheurs, on lui suspend immédiatement au cou un petit sachet enfermant des débris du cierge pascal ou du *Lumen Christi*. On y mêle de l'encens et de préférence de celui avec lequel on a formé les cinq grains du cierge pascal.

Nous signalerons également la Rose de Jéricho ou rose de Marie (*Anastatica hierochuntica*, L...) qui est en grande faveur parmi les parturientes de France, mais principalement de Bordeaux, plante qui placée dans la chambre d'une femme en mal d'enfant lui procure un accouchement heureux et facile. Pour cela elle doit être mise dans une assiette ou dans un verre contenant un peu d'eau.

Cette rose, selon les personnes qui s'en sont servi ou bien qui ont assisté à l'accouchement, a la propriété de commencer à s'ouvrir dès les premières douleurs que ressent la femme et elle se développe toujours un peu plus à chaque nouvelle douleur, enfin elle est tout à fait épanouie dès que l'accouchée est sur le point d'enfanter.

Plusieurs personnes affirment que si pour opérer l'accouchement on est obligé d'employer les fers, la rose ne s'ouvre pas entièrement.

Nous pourrions multiplier les citations et indiquer encore un certain nombre de médaillons religieux qui ont les mêmes propriétés obstétricales que celui que nous venons de décrire.

Les préjugés et les coutumes relatifs à la grossesse et à l'accouchement sont presque infinis.

Nous en avons indiqué et décrit un grand nombre aux chapitres premier et troisième de notre *Notice sur les superstitions, dictons, proverbes, devinettes et chansons populaires du département de la Gironde.*

Pour de plus amples renseignements nous renvoyons à l'ouvrage de Collin de Plancy, *Dictionnaire des images et reliques*, et à celui de Witkowski, *Histoire des accouchements chez les peuples*, gr. in-8° de pp. 715 et contenant 1584 figures.

Nous sommes heureux d'offrir cette rare pièce au Musée du vieux Bordeaux. Il prendra place parmi les collections de la Société.

Description d'une hache polie
en jadéite
découverte à Ambarès (Gironde)

par Camille de Mensignac

L'intéressante hache polie, en roche dure, que je fais passer sous vos yeux, provient de la commune d'Ambarès, département de la Gironde. Elle a été découverte, il y a environ quinze ans, par feu M. le docteur en médecine Coyola, honorable praticien qui a exercé, pendant de longues années, l'art de guérir dans cette importante commune girondine. Elle m'a été offerte, il y a deux ans, par mon vieux et excellent camarade d'études, M. Rives, beau-père du docteur Coyola.

Ce curieux outil préhistorique, en parfait état de conservation, est en jadéite. Il appartient à la période néolithique, époque Chasséo-Robenhausienne de Philippe Salmon. Cette jolie et intéressante hache, polie sur tout son pourtour, à pointe obtuse dans le haut, un peu bombée, équarrie sur les côtés, a son tranchant, légèrement oblique, très effilé et admirablement poli. D'une épaisseur de 15 millimètres, elle mesure 0 m. 11 de longueur sur 0 m. 05 de largeur au tranchant.

La jadéite étant une roche très tenace, prenant un beau poli et acquérant un tranchant très vif était fort recherchée à l'époque préhistorique. D'autre part elle était rare, aussi la sciait-on. C'est ce qui fait que les haches en jadéite sont souvent équarries.

Le tranchant si bien acéré qu'a conservé cette hache, que nous décrivons aujourd'hui, ainsi que la rareté de la matière employée pour sa confection, dénotent qu'elle n'a pas servi et que les hommes de la préhistoire ont dû la garder précieusement comme rareté ou bien comme amulette.

Je termine cette courte description en faisant don à la Société archéologique de Bordeaux, pour les intéressantes et curieuses collections de son « musée du Vieux Bordeaux » de cette jolie et rare hache polie en jadéite, qui figurera avec honneur parmi les autres pièces préhistoriques que renferme ce musée local, œuvre de notre active et savante Compagnie.

Je désire que sur l'étiquette explicative qui accompagnera cette rare pièce de la préhistoire girondine figure la mention : « Don de feu M. le Dr en médecine Coyola. »

Graves de Bordeaux

Nous n'avons pas l'intention de nous immiscer dans les questions touchant à la délimitation. Elles sont en dehors de nos recherches et puis il y a des textes législatifs qui les fixent, pour un temps du moins, car il n'est rien que de provisoire.

Ces notes purement documentaires montreront uniquement où peut mener l'étude des textes. Et que l'on ne leur cherche pas un caractère tendancieux; il ne se trouvera pas de viticulteur pour s'en prévaloir. Il n'est plus de vignobles — et depuis longtemps — dans les terrains dont il s'agit.

Seulement les appellations d'origine reposent à la fois sur la géographie et sur l'histoire, deux sciences étroitement liées l'une à l'autre, et par un lien autrement solide que celui que leur donnent les programmes scolaires. C'est ce qu'il ne faut oublier.

Dans « Viticulture et Vinification en Bordelais au moyen âge » (*Revue historique de Bordeaux*, 1911, p. 205, note 1), M. Jean Barennes donne, d'après Léo Drouyn, l'indication suivante : « Réduction à un cens de 12 sous 6 deniers du cens de 20 s. pour une vigne *qui es en Gravas de Bourdeu* darrey les Chartrons en lo plantey de Pradetz en la rua aparada deus Contz » laquelle est abandonnée (G. 1161-f° 148 V°).

Si nous nous reportons à Drouyn, nous lisons dans *Bordeaux vers* 1450, page 489, à l'article *Rua deus Cocutz, rua deus Coqutz*, rue *Cache-Cocut*, rue *Cachecocu* : il existait dans « *la Palu de Bordeaux*, à l'ouest de la localité appelée au *Darrey Chays* une rue ou plutôt un chemin nommé rue *des Cocuts* traversant le lieu de *Pradets*; nous en trouvons la preuve dans les textes suivants extraits d'un terrier du chapitre de *Saint-Seurin* (1358, 16 novembre) :

« ....tot aquet trans de terra... au loc apperat à *Pradel*, en la *Palu de Bordeu*, en la rua deus *Cocuts*, entre la terre deus « heriteys de Henri Darlanda «.....................................

« ... (24 mars 1400) : ... « tot aquet trans de terra et de « binha... en la *Palu de Bordeu*, darrey los *Darrey Chays* « au loc apperat à rua deus *Coqutz*. »

« ... (4 septembre 1433) : « tot aquet trens de binha... « qui es en *Las Gravas de Bordeu*, au loc apperat à *Pradetz*, « autrement à rua deus Coqutz. »

D'après les plans du XVIIIe siècle, la maison noble de Pradetz était située dans l'emplacement occupé maintenant par l'extrémité occidentale du cours du Pavé-des-Chartrons. La rue des Cocuts portait à la fin du XVIIIe siècle, le nom de Cache-Cocut (plan géométral de Bordeaux, London, 1787) et, au commencement du XIXe, celui de Cachecocu[1] (Plan de la ville de Bordeaux, 1818).

Et, de tout ce qui précède, il résulte que le même lieu de Pradets est, tour à tour, compris dans les Graves et dans les Palus de Bordeaux. S'il subsistait des vignobles à Pradets, il n'est pas douteux que leurs propriétaires revendiqueraient l'appellation Graves. Comment d'ailleurs la leur refuserait-on ?

René FERBOS.

(1) C'est la rue Ste-Eugénie actuelle.

Cl. M. Charrol.

Hache d'Ambarès, en jadéite.

Les anciennes fontaines bordelaises

par Th. RICAUD

LA FONT DE L'OR *(suite[1])*

VI

La Jurade et le ministre Massiac.
Ouverture des travaux.
Intervention du physicien Jacques de Romas.

Tous les articles du traité avec le maître-plombier Antoine Lucas, se trouvant définitivement arrêtés[2], la Ville n'a plus qu'à attendre :

1° L'autorisation du Roi, pour la traversée des dépendances *est*[3], du Châteeu-Trompette;

2° L'entrée en possession des matières premières diverses, nécessaires pour la confection des canalisations.

Tandis que Claude de Tourny, s'emploie à hâter le règlement du premier point, les Jurats s'abouchent avec plusieurs négociants bordelais — les sieurs Thomas Barton et Fauvel[4].

1. Voir *Bulletin de la Société archéologique de Bordeaux.* Tomes XLI, p. 84-124; XLII, p. 64-104; XLIII, p. 29-65.

2. Signataires : de Galatheau, Duranteau, Brunaud, Demons, Lalanne, Quin, jurats; Pynel, procureur-syndic; Chavaille, clerc de Ville; Lucas, « maître fontainier plombier du Roy ».

3. Celles riveraines du fleuve.

4. Signataires — le 14 août — d'une fourniture de saumons, de plomb d'Angleterre et d'Allemagne, s'élevant le tout à 27.779 livres 8 sols. Arch. mun., DD. 28.

Georges Ainslie[1], Dumas frères[2] — en vue de la livraison de saumons de cuivre, de plomb et d'étain nécessaires à Lucas.

Tous ces fournisseurs consentent des conditions de paiement avantageuses pour la Ville[3].

Lucas dans l'attente de la venue, de Paris, de ses moules et ustensiles divers[4], occupe ses loisirs à dresser un mémoire annexe, contenant quelques observations sur la façon, dont, d'après lui, doit être construit le réservoir à placer dans la tour du Courpet.

Les dimensions sont indiquées : 16 pieds 1/2 de longueur sur 12 de largeur et 5 de profondeur, le tout dans œuvre[5].

Lucas souligne ensuite la nécessité, de pratiquer — dans les murs de ce bâtiment — trois arceaux ayant chacun un pied de profondeur (côtés est et ouest) ; puis d'ouvrir, de toute son épaisseur, celui placé au nord, lequel se trouve être mitoyen avec l'emplacement où sera établie la machine hydraulique.

Malgré l'éloignement des échéances souscrites, la Jurade doit songer néanmoins, comme tout bon débiteur, à prendre les mesures susceptibles de faire, le moment venu, honneur à sa signature. Une voie excellente, doublée de circonstances quelque peu exceptionnelles, va s'offrir au corps municipal.

Tout d'abord, puisque le projet définitivement adopté,

1. *Ibid.*, à 21.692 livres 11 sols.

2. *Ibid.*, à 25.081 livres 15 sols 9 deniers.

3. Près de deux ans après — le 10 avril 1760 — les sieurs Barton et Delap, s'étant présentés en Jurade, pour le paiement de leur créance, la Ville — toujours à court d'argent — décida de faire jouer une clause du traité passé. De ce fait l'échéance du 21 décembre 1758 fut reportée au 31 octobre 1760, avec paiement des intérêts, à 5 %, à compter du 31 octobre 1759.

4. Aucun retard ne fut apporté par les négociants susdits. Dès le 11 novembre 1758, le sieur Arvenas soumet aux Jurats la quittance : 176 livres 14 sols, du coût du transport de 179.898 livres de plomb dans le « magasin des nouvelles fontaines... situé à la Font de l'Or ». DD. 28-29.

5. « En observant », écrit Lucas, « une galerie de 2 pieds 1/2 à 3 pieds et... en établissant le fond du réservoir à 13 pieds au-dessus du socle de la maison du sieur Martin, de façon que cet ouvrage soit capable d'entretenir durant un certain temps — en cas d'arrêt de la machine — les cinq fontaines à placer sur le port.

s'adresse uniquement à l'établissement de fontaines à répartir dans la zone du port, rien ne paraît s'opposer à l'obtention de crédits pris — d'après les termes de l'arrêt du Conseil d'Etat, en date du 30 avril 1738[1] — dans la caisse dite du *délestage*[2].

Or celle-ci, renferme dans le moment, un appréciable boni. Ce fait, primordial, explique assez facilement :

1° La hâte apportée par Lucas, à la remise de ses deux derniers projets, dont l'un — particulièrement réduit — ne comportait plus que l'érection de cinq fontaines;

2° La non prise en considération du projet Brion, dont le caractère mixte : établissement de fontaines à répartir, à la fois, dans l'intérieur de la cité et dans la zone du port, pouvait suffire à porter obstacle à l'attribution éventuelle de tels fonds.

Il y a lieu de tenir compte aussi de ce que le département de la Marine venait d'être pourvu d'un nouveau titulaire. Le sieur Massiac a remplacé de Moras.

Si l'on en juge par certains passages de la correspondance, échangée — durant ce même mois de juin — entre les directeurs du commerce pour la province de Guyenne et le sieur Castaing, leur député à Paris — il apparaît nettement que le nouveau lieutenant général des armées navales, ne semble pas insensible aux politesses rendues à son égard.

« Nous apprenons », écrivent les susdits directeurs, au sieur Castaing, « par l'honneur de votre lettre du 3 de ce mois, la nomination de M. Massiac... *Nous sommes aussy satisfaits de votre attention, à nous participer cette nouvelle, que reconnaissants du conseil que vous voulés bien nous donner, d'écrire*

1. Relatif à cette question de délestage... pour les vaisseaux et barques entrant dans le port de Bordeaux... On y lisait : « ...au cas où par événement il se trouvoit — entre les mains du receveur des dits droits — des fonds provenant d'exercices clos... il seroit dressé des mémoires quy contiendroient le projet des ouvrages auxquels ces fonds pourroient être employés... afin de parvenir à rendre la navigation plus libre dans le port de Bordeaux.

2. Ce fut Maurepas, secrétaire d'Etat à la Marine qui, en février 1733, prit l'initiative d'établir une taxe, dite du *délestage*... sur les navires entrant dans la rade de Bordeaux. **Arch. dép.**, C 1669. Voir aussi J. Benzacar, *Eclaircissements sur les finances de Bordeaux au XVIIIe siècle*, p. 79.

à ce nouveau ministre, pour lui demander sa protection, pour le commerce... »

« Ces messieurs » se crurent toutefois obligés de rappeler à leur mandataire... *qu'un devoir aussy indispensable n'auroit pas échappé, à leur vigilance.*

Simple petite égratignure certes, mais suffisante pour laisser poindre l'état d'esprit nettement pointilleux régnant, en maître, dans plus d'un milieu éclairé, de ce temps-là.

De l'adresse, partie de Bordeaux, pour le ministre Massiac, nous retenons :

« *Les directeurs du commerce de la province de Guyenne, sont* « *trop intéressés à mériter la bienveillance et la protection de* « *Votre Grandeur, pour ne pas accumuler les titres, quy pour-* « *roient leur attirer cette grâce précieuse... Dans cet esprit, ils* « *vous supplient d'accueillir favorablement le témoignage de leur* « *joye, sur l'heureux choix que Sa Majesté vient de faire de votre* « *personne, pour l'important ministère de secrétaire d'Etat, du* « *département de la Marine... Puisque le commerce est un des* « *principaux nerfs de l'Etat, nous espérons que Votre Grandeur,* « *accordera une protection particulière au corps des négociants* « *de cette ville quy, de leur côté, ne négligeront rien pour s'en* « *rendre dignes, par leur attention à la propagation du com-* « *merce*[1]...»

La Jurade ayant eu connaissance de cette correspondance, ne manqua point, à son tour, de jeter ses regards, vers le personnage d'où dépendait sans conteste, l'heureuse issue des travaux de fontainerie projetés sur le port.

A cet effet un dossier fut établi. Il se composait :

1° d'un double des états du produit des droits de lestage, perçus sur les bâtiments français et étrangers entrés dans le port de Bordeaux, au cours des troisième et quatrième quartiers de l'année 1757[2];

1. Arch. dép. de la Gir., C 4264.
2. Finissant le 4 avril 1758.

2° d'un compte rendu du receveur des dits droits, mentionnant un supplément de recettes sur les dépenses, s'élevant à 20359 livres, 3 sols, 6 deniers, somme demeurant libre.

3° d'une requête, basée sur les termes de l'arrêt précité.

L'ensemble parvint à Paris le 19 août 1758.

Dans le but de mieux toucher le Ministre, les Jurats, soulignent que... « c'est dans l'objet de ce conformer à cette loy...» et afin de procurer au port la commodité indispensable à l'accroissement du commerce maritime... « qu'ils ont cru devoir s'occuper sérieusement, de prendre les moyens d'établir neuf fontaines...» au lieu de « cinq » chiffre fixé dans un précédent projet.

Ils ajoutent : « et ce, afin que tous les capitaines fussent à même de se pourvoir aisément et sans frais de toute l'eau quy pourroit leur être nécessaire », tant pour la durée de leur séjour sur rade, que pour « la provision de voyage ».

Rappel était fait aussi :

a) De la police passée avec Antoine Lucas;

b) Du coût probable de l'entreprise (60.000 livres);

c) De la mauvaise situation financière[1] de la Ville.

« Nous osons, Monseigneur, vous supplier très humblement», — lit-on ensuite — de nous permettre de disposer de cette somme de 20539 livres *afin de l'employer, à une réparation aussi utile que nécessaire.* « *L'arrêt du Conseil que nous venons de rappeler* » ajoutent-ils, « *votre amour décidé pour l'accrois-* « *sement du commerce maritime et la protection singulière* « *dont vous voulés bien honorer notre ville, sont les heureux pré-* « *sages sur lesquels nous avons l'honneur de solliciter de votre* « *justice...*[2] »

Tout le mois de septembre se passe dans l'attente. Le 10 octobre part de Versailles une bonne nouvelle.

1. « ...résultant des dépenses engagées, depuis plusieurs années, pour la décoration de divers quartiers... »

2. *Ibid.*

Le ministre Massiac avise les Jurats que « Sa Majesté veut bien consentir » à ce qu'ils « disposènt de la ditte somme » pour les « ayder dans la dépence que coûteront les dites fontaines... ».

L'annotation suivante, contenue également dans la missive ministérielle suffit pour expliquer que la réussite de la démarche, tentée par les Jurats, résulte bien du but principal de l'entreprise : faciliter l'aiguade.

Elle est ainsi conçue : « Les fonds provenant desdits droits « de lestage et quy restent en caisse devant — aux termes de « l'arrêt du 30 août 1738 — être employés aux ouvrages à « faire, pour rendre la navigation plus facile dans la rade de « Bordeaux, *il est nécessaire que vous donniés une attention « particulière aux deux fontaines quy doivent être placées au dedans « et au dehors de la place Royalle et quy sont reconnues pour être « les plus utiles aux navires,.. pour s'approvisionner de l'eau quy leur est nécessaire...*

A noter, que l'élargissement constant du banc de vase — dit de la Manufacture[1] — créait aux marins un embarras chaque jour plus sérieux. Celui-ci s'avançait sans cesse d'un pied par an. De ce fait, les usagers de cet ordre ne pouvaient utiliser les cannelles, conduisant le liquide de la Font-de-l'Or, sur la face dominant le fleuve (du quai de 1748) qu'au moment de la marée haute. Ils devaient donc, la plupart du temps, descendre à terre pour remplir leurs futailles, en puisant l'eau à l'aide de seaux, dans le bassin même de la fontaine où,... se ravitailler aux sources de Lormont[2] et de Vitescale[3].

1. Voir le plan de Bordeaux inséré dans le présent travail.

2. Cette eau, de qualité excellente sort de la roche qui surplombe la Garonne Depuis la construction de la voie ferrée Bordeaux-Paris par Orléans, l'on n'aperçoit plus que les restes d'une prise d'eau se trouvant à la limite desquais Rouffiac et Numa Sensine. De nos jours encore, une canalisation spéciale permet aux bateaux-citernes de s'y approvisionner et de fournir l'eau de bord à de nombreux navires fréquentant la rade de notre ville.

3. Sort aussi de la roche, non loin du Pain de sucre, au lieu dit de Rigalet près du petit port de la Reuille. En avant de la source de Vitescale existe dans le fleuve une fosse qui atteint jusqu'à 8 mètres 30. Cf. carte du cours de la

« Je compte au surplus » — écrit en terminant le Ministre — que la facilité accordée de disposer de ces fonds libres engagera la Jurade « à donner des marques de zèle, pour tout ce quy pourra contribuer au bien et à l'avantage de la navigation[1]... » Ainsi le corps municipal se trouve en état d'obtenir une première ressource très appréciable, et susceptible d'être renouvelée[2]. Cependant les dernières semaines de l'année 1758 ne sont marquées que par des actes insignifiants : ordonnancement, par l'architecte Bonfin (10 octobre) d'un compte des ouvrages exécutés à la Font-de-l'Or, par le maître-pompier Bernard, tâche bien minime[3] et d'un caractère un peu spécial[4]. De nouveau, la Jurade semble être entrée— à part une décision d'ordre purement administratif— dans une période de réflexion et d'attente passive[5]. Massiac vient de quitter le ministère de la Marine[6]. Son remplaçant est Berryer, créature de la marquise de Pompadour, qui devenu conseiller d'Etat se chargera, entre autres choses, de « peupler la Bastille des ennemis de la favorite ».

Doit-on rechercher dans ce changement de ministre, la cause de l'interruption de la marche des projets de fontainerie du port de Bordeaux? Nous ne saurions répondre. En tout cas

Garonne et de la Gironde, de Bordeaux à la Pointe de Grave. D'après les travaux de l'ingénieur hydrographe L. Manieu et des sous-ingénieurs E. Larousse, E. Caspan et Haumusse (1874).

1. Arch. mun., DD. 28-29.

2. L'envoi de nouveaux états — relatifs aux excédents des droits de lestage, pour les années 1759 et 1760 — s'échangera également entre Bordeaux et la capitale.

3. Coût : 743 livres 10 sols.

4. Mise en place de pompes au « puids quarré de la rue Carpenteyre »... afin d'établir une communication avec le « puizard » où se trouvaient « celles de la machine de Jonis ». DD 28-29.

5. Augmentation des gages du maître fontainier Brion : 200 livres (24 novembre 1758) soit 1.200 livres pour traitement annuel. Brion était en fonctions depuis le 21 septembre 1752 et n'avait jamais reçu aucune augmentation. Le motif de la susdite largesse « étoit pour l'engager à se rendre utile au sieur Bonfin, inspecteur des travaux de la Ville, soit pour travailler avec lui sur le terrain, soit pour faire des copies de plan... ». *Reg. des délib. de la Jurade*, f° 30.

6. Voir la lettre écrite par les directeurs du commerce de la province de Guienne le 11 novembre 1758. Arch. dép., C 4264.

plus d'une remarque dut éclore relativement à l'emploi éventuel du plomb, pour les canalisations à établir sur les quais. Une opposition sérieuse ne put même que naître de ce chef.

Nul n'ignore que malgré l'emploi fait, par les Romains, de ce métal[1] — pour le même but, et les exemples venant de la capitale, ses qualités réelles se trouvaient être encore l'objet de discussions nombreuses et serrées. D'aucuns se méfiaient du plomb à tel point, que trente ans plus tard, à Bordeaux même, il sera porté sur cette matière — dans un document officiel — un jugement des plus désavantageux[2]. En fin de compte, tout l'hiver, de cette année-là, se passe en une perte de temps, à peu près complète.

Une lueur d'espoir apparaît cependant le 1er mars 1759, jour où fut signé le traité avec les maîtres-terrassiers Jean Claude Belin et Jean Fénelon. Cet acte était relatif au creusement des tranchées destinées à recevoir les canalisations de l'entreprise Lucas[3].

1. Maints spécimens de canalisations de cette matière ont été trouvés à différentes époques dans le sous-sol de Bordeaux, notamment chez le conseiller de Lange en 1594. Voir *Bulletin polymathique*, 1817, p. 226. A Alatri (anciens Etats pontificaux), il fut constaté en 1860, qu'une vallée de 110 mètres de largeur avait été, il y a vingt siècles, franchie à l'aide d'un syphon en plomb. Cf. *Ordinaire de Lacolonge. Examen d'un projet de distribution d'eau, présenté à la Jurade bordelaise, en* 1787, p. 8.

2. « Les tuyaux de plomb » — est-il consigné dans le *Mémoire de* 1787, sur *la possibilité d'établir, à Bordeaux, un nombre suffisant de fontaines*, p. 35 — « n'ont pas l'inconvénient d'une trop grande fragilité... on leur donne sans aucune peine les tournures les plus convenables... mais on prétend qu'ils rendent l'eau malsaine. On assure que le plomb dissous est un poison et que pour l'employer avec sûreté, il est bien important de connoître les dissolvants qui l'attaque. D'autre côté l'eau pure considérée comme élément simple, n'étant qu'un être abstrait, sans aucune existence matérielle, il est impossible de s'assurer par expérience si l'eau pure dissout le plomb; il faut se contenter de savoir si ce métal est soumis à l'action de l'eau, telle qu'il est possible de se la procurer, c'est-à-dire de l'eau composée de tous les éléments contenant des sels, des acides de l'air fixe... »

En 1817 se retrouvera sous la signature du médecin Capelle, alors ancien président de la Société des Sciences de Bordeaux (Académie), un son de cloche à peu près semblable. Voir *Tableau des améliorations dont est susceptible la ville de Bordeaux au point de vue de la salubrité.*

3. Le maître plombier parisien devait les construire de toutes pièces car les tuyaux cylindriques, en usage depuis bon nombre d'années, étaient alors, totalement inconnus.

Mais voici poindre, à l'horizon, une nouvelle entrave. A la date du 9 de ce même mois, part à Paris un mémoire, expédié par le sieur Letellier commis à l'inspection du port et adressé semble-t-il, à Aubert de Tourny.

L'auteur relate bien que « l'on commençoit », par exemple « à déposer des tuyaux à la fontaine de l'Or; mais il se hâte de souligner que « des craintes se sont élevées, touchant certains points du programme projeté. Il souligne la « différence qu'il en coûteroit pour conduire, de la place Royale à la fontaine du Chartion...», d'une part, l'eau de la Font-de-l'Or et de l'autre, celle de Figuereau. La qualité de cette dernière source se trouve mise aussi en relief. Il en est de même des possibilités de son amenée naturelle, aux environs des rues Raze et Borie. Puis, mention est faite de ce que l'eau de la Font-de-l'Or ne pourra parvenir, en ces mêmes parages, que « par artiffice » et ce, en supposant... que le Roi accorde l'autorisation de traverser la fausse-braie du Château-Trompette.

« *Je crains de plus* » — poursuit Letellier — « *que pour la longueur d'une conduite de* 550 *toises — distance qu'il y a de la place Royalle à la fontaine des Chartrons*[2] *— le diamètre de 2 pouces 1/2 qu'on se propose de lui donner.... , ne soit pas suffisant...*[3]». Par bonheur ces nouvelles craintes demeurèrent

1. Il s'agissait des dix conduites de fer ayant fait l'objet de la correspondance, citée précédemment, échangée avec le maître de forges Segonzac.

L'architecte Portier écrivait, à ce moment-là, à Aubert de Tourny : « On va finir le Chateau-d'eau », disait-il. « Monsieur votre fils a ordonné de construire le réservoir et a commandé les tuyaux de fer pour exécuter la machine du sieur Jouis. » Paul Fourché qui rappelle cette correspondance (*L'église Saint-Louis des Chartrons*, p. 32), ajoute : « Malgré nos recherches, il nous a été impossible de découvrir où se trouvait ce château-d'eau ». Comme l'on voit, c'était l'ouvrage établi dans la tour du Courpet.

Voici encore une autre pièce relative à cet ouvrage : « L'Hôtel-de-Ville de Bordeaux doit au sieur La Duguie... livraisons faites au sieur Rauzat couvreur (du 17 août 1756 au 16 avril 1758) ...pour être employées au Manège et au Château d'eau... plaques, plombs, soudures etc., la somme de 2.326 livres 10 sols 9 deniers. » L'architecte Portier mandata cette dernière, le 23 avril 1759. Arch. mun., DD 28-29.

2. Il s'agit de l'ancienne, celle située en face de la rue Raze.

3. Arch. dép. de la Gir., C. 1242.

sans lendemain. L'autorisation de traverser les dépendances de la forteresse fut obtenue. La preuve s'y décèle dans les indications, contenues aux articles 3 et 4, du relevé de compte dressé par les maîtres-terrassiers Belin et Fénelon lequel fut ordonnancé par l'architecte Bonfin, à la date du 11 septembre 1759.

Ce document présente de l'intérêt du fait qu'il permet de reconstituer les emplacements exacts des appareils de l'entreprise Lucas. On lit :

1° De l'ancienne fontaine de la Grave, jusques à la première grille de la place Royalle, longueur de la tranchée effectuée	386	toises
2° De ce dernier point jusqu'à la première barrière du Château-Trompette	180	—
3° Du premier pont-levis, au second de la fausse-braye	170	—
4° Du second pont-levis à l'ancienne fontaine des Chartrons	193	—
5° De l'ancienne fontaine des Chartrons à celle qui se construit, vis-à-vis de la rue Borie.....	170	—

Par les dérivations exécutées, en divers points, il ressort que la distance :

a) De la grosse conduite passant sur le quai, vis-à-vis la porte Bourgogne jusqu'aux fontaines à placer aux piliers intérieurs de cet ouvrage, se trouvait être de...............	19	—
b) *ibid.*, à la fontaine du Chay des Farines.....	9	—
c) *ibid.*, à la porte du Caillau	10	—
d) De là à la fontaine de la place Ste-Colombe	145	—
e) Du coin du Grand Bureau, joignant la grille jusqu'au milieu du Marché Royal	110	—
f) De la ditte grille joignant le Grand Bureau aux fontaines du quai et de la place Royale	64	—

Une dérivation — longue de trois toises — fut également pratiquée dans la fausse-braie du Château-Trompette « pour le robinet donné à M. de la Graulay. » Celle de la décharge de la fontaine du Marché Royal mesurait trente-six toises — de la Font-de-l'Or : 18 toises.— Total du parcours : 1549 toises, réglées à 30 sols l'une. Un supplément de 80 livres fut versé aux susdits entrepreneurs pour « la démolition des marches, du pavage et des murs de fondement de la fontaine des Chartrons[1].

Si les objections formulées, concernant l'utilisation possible des eaux de Figuereau — pour la partie riveraine du faubourg des Chartrons — ne paraissent point avoir été retenues sur l'heure, un autre sujet d'inquiétude se montre par ailleurs. Précédemment il a été noté que :

1° Le coût probable de la machine élévatoire, figurant dans le premier projet de Lucas, atteindrait : 46.800 livres[2];

2° Celui de l'appareil de même nature, offert par Jouis, s'élèverait tout juste à 2.200 livres[3].

Un écart si sensible avait attiré l'attention de tous. La question était demeurée en suspens.

Les pouvoirs publics se trouvaient, de toute évidence, dans l'obligation d'examiner de près la valeur réelle de cette dernière offre.

Claude de Tourny désireux d'obtenir des précisions, exemptes le plus possible de partialité, songea à s'adresser à un homme de science plutôt qu'à des industriels, même très qualifiés.

A défaut du physicien de Réaumur[4] que nous avons trouvé être — en une circonstance assez analogue — le conseiller judicieux d'Aubert de Tourny — l'Intendant se mit en rapport avec le sieur Jacques de Romas, homme très connu par maints

1. C. 1242.
2. Y compris toutefois l'achat des six chevaux nécessaires à son fonctionnement.
3. La dépense se bornait, paraît-il, à 30 livres par an.
4. Décédé le 17 octobre 1757, des suites d'un accident de cheval.

travaux scientifiques de réelle valeur[1] notamment par l'invention récente et sensationnelle du *cerf-volant électrique*[2].

De Romas occupait, dans le moment, le siège de lieutenant assesseur au présidial de Nérac. A ce titre, il se trouvait en relations constantes avec l'Intendant.

En outre, extrêmement désireux d'obtenir la chaire de physique expérimentale, que les Jurats se proposaient de créer, dans le moment, à Bordeaux[3] il ne négligeait aucune occasion d'envoyer — soit à Claude de Tourny, soit au sieur Duchesne, chef du cabinet de l'Intendant — des missives et des mémoires[4] susceptibles, pensait-il, de le faire parvenir plus rapidement à ses fins. Cependant, l'Intendant, — malgré ces envois réitérés, malgré le zèle déployé par de Romas dans une question qui lui lui tenait particulièrement à cœur : la reconstruction de l'église de Nérac[5], — ne paraissait nullement enclin à faciliter la réalisation de désirs si souvent et si nettement exprimés.

Les quelques lignes suivantes suffiront pour le prouver surabondamment « *Je ne sçais, Monseigneur* », écrit de Romas à Claude de Tourny, le 26 octobre 1758 — « *si j'ay eu le malheur d'encourir votre disgrâce, quoyque je me sois bien examiné et qu'ensuite je n'aye rien apperçu quy soit capable de me l'attirer; je crains néanmoins beaucoup, et ma crainte est fondée sur ce que plusieurs lettres que j'ay eu l'honneur de vous écrire ont resté sans la plus petite de vos réponses*[6]... »

On devine l'empressement qu'allait montrer de Romas lorsque de Tourny — quelques mois après l'envoi de la susdite

1. *Dissertation sur l'invention du mouvement perpétuel* (1742). *De l'utilité de l'inclinaison de l'aiguille aimentée* (1748). *Lettre à M. de Secondat, sur les barres électriques* (1752)... Voir J. Bergonié et P. Courteault, *Œuvres inédites de J. de Romas.*

2. *Ibid.*, p. 191.

3. Le siège devait être dans la salle des Concerts de l'Intendance.

4. Aux dates ci-après : 20 novembre et 8 déc. 1757; 9-16 juillet, 14 sept., 26 oct., 18 nov. 1758, etc. Voir J. Bergonié et P. Courteault, ouv. déjà cit., p. 257-284.

5. La première pierre de cet édifice fut posée le 27 juin 1758.

6. Œuvres de J. de Romas. *Ibid.*, loc. déjà cit., p. 280.

missive — s'adressera à lui pour se faire une opinion sur la valeur intrinsèque de la machine élévatoire proposée par le sieur Jouis.

Comme le note M. P. Courteault[1], le lieutenant au présidial de Nérac « ne pouvait laisser échapper l'occasion qui s'offrait à lui, de montrer sa compétence de physicien et ce, dans une question intéressant directement la ville de Bordeaux ». « C'était peut-être » — ajoute le distingué professeur à la Faculté des Lettres — « un moyen de supplanter Pelt[2], le candidat des Jurats[3], à la future chaire, dont il a été fait ci-dessus mention ».

Au premier jour, de Romas se transporta à Bordeaux. Dès son arrivée, il se mit en mesure d'examiner la machine du sieur Jouis. Il fit même jouer l'appareil en présence de Claude de Tourny et du duc de Lorges, lieutenant du maréchal de Richelieu, gouverneur de la province de Guienne.

De retour à Nérac, de Romas dressa un rapport qu'il envoya à l'Intendant.

Ce document où « l'on retrouve les qualités maîtresses » de l'auteur « sa curiosité et son ingéniosité d'esprit, sa circonspection scientifique, sa foi au progrès[4] » comprend en dehors d'une critique de l'œuvre de Jouis, un exposé de vues personnelles sur différentes questions de physique et de mécanique... sur

1. Un mémoire inédit de Jacques de Romas. Avant-propos. Actes de l'Académie des Sciences, Belles-Lettres et Arts de Bordeaux, 4e série, t. II.

2. Se qualifiait dans sa correspondance avec de Tourny : professeur de mathématiques et de physique de Sa Majesté très fidèle, le roi de Portugal. Lettre du 29 déc. 1758. Cf. Bergonié et P. Courteault, ouv. déjà cit., p. 287 et Arch. dép. de la Gir., C 3292.

3. Et sans doute aussi de l'Intendant.

« La bonté singulière » — écrit Pelt à de Tourny — « avec laquelle vous avez bien voulu remettre et recommender mes livres, en personne au président Barbot, me pénètre de la plus vive reconnaissance... Je sçais que vous êtes arrivé en bonne santé à Paris et je suis fort content; car, je ne puis m'empêcher de vous témoigner le vuide que me cause votre absence... Je me flattois de vous faire assidument ma cour et profiter de vos entretiens où brillent également une piété solide et un grand fond de connoissance... » *Ibid.*, p. 285.

4. Dans le même moment, un artisan bordelais — le sieur Pierre Guilhem, maître menuisier — proposa d'établir, autour de la Ville, un canal de ceinture

l'utilisation — comme moteur et moyen de puisage — des eaux de la Garonne[1].

« *Mon imagination* », écrit l'auteur, « *a surtout travaillé à deviner la construction*[2], *des deux pompes auxquelles l'inventeur prétend avoir procuré deux avantages :*

a) dégagement de toute espèce de frottement dans le piston;

b) égalité de force pour l'élévation des eaux, à une petite ou une grande hauteur.

Contestation de l'affirmation de Jouis, rappel du moyen imaginé par l'abbé Hautefeuille[3], dissertation approfondie sur les frottements[4], tels sont ensuite des points divers du mémoire du physicien de Romas, détails d'ordre technique, sur lesquels nous passons...

ayant en son centre « un bassin décoré de l'arbre d'amour ». Une roue de 60 pieds de diamètre, à construire sur le nord du fleuve, à Bacalan, devait servir — par le seul mouvement du flux et du reflux — à élever les eaux de la Garonne. Elles auraient été dirigées ensuite vers diverses places publiques, ornées. à leur tour, « de jets d'eau et d'estatues ».

Le bon vouloir de Guilhem dépassait de beaucoup sa compétence. Il semblait notamment ignorer la nécessité d'une filtration préalable des eaux bourbeuses de la rivière; d'autant plus, qu'il songeait non seulement au nettoiement des rues, mais aussi à se servir de cette eau pour les besoins de la consommation. Une note mise en marge par le maître pompier Bernard attaché à l'entretien des fontaines publiques depuis l'année 1754 — ne laisse aucun doute à ce sujet.

De son côté, Bernard, après avoir reconnu la faiblesse du projet Guilhem, admet l'idée générale et consigne que « la quantité d'eau fournie, pendant le mouvement de rotation de la roue suffira à fournir les fontaines d'une façon constante... ».

Il pense aussi que l'on « pourroit en distribuer en divers cartiers, comme à la place Royale, à celle du Palais et autres... ». Bernard propose enfin de construire un réservoir à la fontaine de la porte de la Grave et de placer en ce lieu une pompe pour servir à l'usage du public. Cf. Arch. dép., C 1241.

Le projet Guilhem n'avait, chacun le devine, aucune chance de réussir. Détail assez curieux, l'idée du canal de ceinture se retrouve, en 1763, dans un mémoire adressé à l'intendant Boutin — alors à Paris — par le subdélégué de Bordeaux (il est également question du dessèchement des marais de la Chartreuse et de l'Archevêché) (Communication faite à la Soc. des Archives hist. de la Gironde, par M. G. Loirette, au nom de M. Michelot) (28 oct. 1929). On sait que l'idée exposée ici fut reprise par l'intendant Dupré de Saint-Maur, en 1782, dans un mémoire qui fut imprimé à Bordeaux.

1. Voir Th. Ricaud, *Un mémoire inédit de Jacques de Romas. Actes de l'Académie de Bordeaux.* Années 1914-1915. Tome II, p. 163-164.

2. Il a été déjà indiqué avec quel soin jaloux, Pierre Jouis tenait à conserver le secret de son invention. (Voir la planche ci-jointe.)

3. *Réflexions sur quelques machines à élever les eaux* (1682). Ce technicien remplaçait par un soufflet le piston frottant contre la surface intérieure des pompes.

Tout en croyant à la réussite possible du projet Jouis[1], de Romas se hâte de formuler des réserves.

L'une a trait, à la façon de se procurer «...la puissance motrice » dont chacun sent la nécessité et « qu'il convient de trouver. »

Jouis, ajoute-t-il, « profitant de ce quy étoit le plus à sa portée, la prend dans la force d'un homme[2] et... s'aperçoit que ce moteur ne peut agir sans cesse... »

Dans ces conditions l'inventeur a donc dû « ...estimer la quantité d'eau nécessaire à l'entretien journalier de toutes les fontaines... »

Passant à un autre ordre d'idées, de Romas — tout en reconnaissant l'appareil de Jouis « bien combiné et très conséquent », consigne une réflexion fort juste : « néanmoins, n'y a-t-il pas quelque chose quy ne satisfait pas les désirs d'une ville telle que Bordeaux... »

Le projet manquait en effet d'ampleur. D'autres réflexions suivent. Nous n'en retiendrons seulement qu'une, laquelle décèle — dans sa présentation originale — une juste connaissance de certaines faiblesses humaines.

« *L'homme* », note de Romas, « *quy doit mouvoir les pompes,*
« *sera pris vraisemblablement dans une classe de gens, quy*
« *pour l'ordinaire n'ont pas beaucoup à cœur l'intérêt public,*
« *quy s'occupent uniquement de ce quy les touche, en un mot,*
« *quy ne voyent pas au delà d'eux-mêmes. Ce sera peut-être un*
« *nonchalant, un dormart ou un débauché; peut-être un capri-*
« *cieux ou un mutin quy dans son dépit, gâtera ou brisera tout;*

1. « La hauteur du réservoir étant déterminée... il ne faut pas une puissance bien forte » pour mouvoir la machine « ny un tems considérable pour remplir le réservoir » surtout si « la source est suffisamment abondante.

2. Tel était en effet, le mode de traction imaginé par Jouis.

3. Estimation : deux cents barriques d'eau par 24 heures, quantité absolument dérisoire. Partant de cette idée fausse Jouis avait conclu : « ...afin que l'homme, employé pour la puissance motrice ne soit obligé de faire jouer les pompes que quatre ou cinq fois par jour, il importe de construire un réservoir capable de recevoir la quantité d'eau susdite... » Ainsi avait été fait.

« *peut-être un de ces esprits hétéroclites, insensible aux récom-*
« *penses ou aux peines et à coup sûr, une espèce d'esclave*
« *auquel il faudra payer de gros appointements...* »

Finalement de Romas, sous prétexte qu'il est « effray de tant d'inconvéniens et de beaucoup d'autres, passés sous silence », en arrive à laisser apercevoir quelque peu le bout de l'oreille.

Il a songé, en effet, à chercher « un premier moteur, duquel il n'y eût rien de semblable à craindre... » Naturellement ses recherches ont été couronnées de succès. D'où une proposition basée sur l'utilisation des courants de la Garonne « pour faire mouvoir les pistons des pompes proposées par Jouis ou autres machines équivalentes[1]... » De Romas songeait aussi à clarifier les eaux du fleuve : « dans le cas où la source ne seroit pas assez abondante on pourroit rendre vives les fontaines, afin de les rendre plus saines. »

D'autre part, « de cet état de choses sortiroit un réel avantage dans les cas pressants, dans les incendies par exemple... »

Où de Romas semble s'être quelque peu avancé c'est de ne voir aucune difficulté — dès « qu'on possède un premier moteur de la dernière espèce » — d'élever aussi haut le réservoir qu'il sera besoin et de conduire les eaux « jusque dans les lieux les plus élevés de la ville, fussent-ils de la hauteur du clocher de Saint-Michel[2]... ».

Poursuivant son idée, l'auteur pense que l'eau de la Garonne peut — malgré son manque de limpidité habituel, — être « rendue propre à la boisson des hommes[3]. »

1. A ce propos est cité l'exemple de la machine hydraulique du Pont Neuf à Paris.

2. A la Chartreuse de Saint-Pierre de Tiérache — près de Vervins — existait, dès 1720, une machine — mue par un cheval — faisant agir des pompes refoulantes. Cet appareil, construit d'après les théories du chevalier Morland (emploi d'ellipses au lieu de manivelles), n'élevait l'eau qu'à 150 pieds de haut soit moins de la moitié de la hauteur du monument pris en exemple par de Romas. Cf. Belidor, ouv. déjà cit. Livre III, chap. IV, p. 142.

3. « *Du sable, la pierre ponce ou certaines matières poreuses, qu'on met au fond des fontaines domestiques* » — consigne de Romas — « *semblent permettre un heureux succès.*

Le port de Bordeaux (1762-1825).

Ce rapport, achevé à Nérac, porte la date du 31 mai 1759. Pelt était depuis le 6 du même mois titulaire de la chaire de physique expérimentale créée par les Jurats. Le projet conçu par de Romas demeurera lettre morte[1] et Jouis triomphera malgré les vives critiques apportées à son invention.

VII

Mise en marche du nouveau service de distribution d'eau.

Les difficultés multiples rencontrées par Lucas, s'aplanissent enfin peu à peu.

Ses ouvriers travaillent dans toute la partie des quais comprise entre la Font-de-l'Or et la place Royale.

Le seul point demeuré en suspens vise la seconde partie des travaux, c'est-à-dire ceux relatifs à l'amenée des susdites eaux de la place Royale à la rue Borie.

Un contre-projet vise l'utilisation d'une source située à l'ouest de la ville, entre celles de Brousse et de Figuereau.

« *On pourroit placer* » — lit-on ensuite — « *en faveur du menu peuple, des pauvres, les matières propres à filtrer... à la base du réservoir. Si l'on trouvoit ensuite que les eaux n'eussent point acquis, par ces premières filtrations toute la limpidité que la délicatesse des riches désireroit, ceux-cy n'auroient qu'à se pourvoir de vazes à filtres ainsy qu'on en a en beaucoup d'endroits, où l'on a des eaux plus sales et plus dangereuses que celles de la rivière... quy, au reste, sont toujours très bonnes à boire, surtout lorsqu'elles sont agitées comme celles de la Garonne...* »

L'idée de filtrage des eaux de la Garonne sera reprise plusieurs fois au cours du XIXe siècle.

1. L'auteur — comme l'écrit M. P. Courteault, ouv. déjà cit., p. 164 se consola de son échec en rédigeant un *Mémoire sur les moyens de se préserver de la foudre*, qu'il lut à la séance publique de l'Académie de Bordeaux le 25 août suivant. On nous saura gré d'indiquer que les restes de la ville romaine, mis au jour — en 1923 — à la chapelle, près de Moncrabeau (environs de Nérac) se trouvent situés aur les dépendances d'une propriété ayant appartenu à de Romas. On voit notamment, une mosaïque à cinq couleurs ornée de pampres de vignes supportant de beaux raisins. Non loin est une source très abondante.

2. En fait l'opération envisagée était double :

1er cas : amenée d'une partie des eaux des sources de Dublan, de Rivière, de Brousse et de Figuereau, dans un réservoir à établir près de la terrasse du Jardin Public. Coût : 15.410 liv. 7 sols 2 deniers;

2e cas : réfection de la conduite qui amenait déjà dans une partie du quartier

A noter qu'au cours de la présente période certaines améliorations sensibles sont effectuées sur divers points de la ville par l'architecte Bonfin et le maître-fontainier Brion. Nous nous bornerons à rappeler que par suite de la réfection de la conduite d'eau, reliant les sources d'Arlac et du Tondu, au réservoir de la porte d'Albret, il fut possible — dès le 3 août 1759 — de fournir :

a) un pouce d'eau à la grotte du jardin de l'Archevêque;

b) une même quantité de liquide, à l'hôpital Saint-André; et de transformer la fontaine de la place Saint-Projet.

Celle-ci comportait désormais, cinq cannelles et pouvait, avec son débit de 11 pouces, alimenter les fontaines du Poisson Salé, du Mut et de l'Hôtel des Fermes[1].

Une augmentation du débit de la fontaine de la place Ste-Colombe, tributaire de la Font-de-l'Or est également envisagée[2]. D'autre part, la découverte au mois d'octobre 1759 d'une forte déperdition d'eau existant sur la conduite de St-Projet — dans l'enclos du jardin de l'Archevêque — entre les réservoirs des Chartreux et celui des Allées[3], va permettre — par sa suppression — la création de deux autres nouvelles fontaines :

a) Aux Minimes, près le château du Hâ[4];

b) A l'îlot de Vertheuil[5], près de l'église Saint-Christoly.

Du côté de la Font-de-l'Or elle-même, quelques difficultés se montrent dans les rapports entre Pierre Jouis et l'architecte Bonfin.

Jouis se plaint à de Tourny que l'architecte de la Ville fait

des Chartrons, l'eau de la source Duffau (entre celles de Rivière et de Figuereau). Coût : 12.590 livres 12 sols. Arch. dép., C 1242.

D'autre part, la traversée de la fausse braie du Château Trompette, puis la pose de canalisations jusqu'à la rue Borie entraînait une dépense de 17.600 livres.

1. Nous reviendrons sur ces diverses fontaines dans un chapitre spécial.

2. Coût 3.300 livres. Le sol de cette place étant inférieur de 6 pieds à celui du carrefour du Mut, un supplément de liquide à provenir de cette dernière était un projet facilement réalisable.

3. L'eau se perdait dans un rocher.

4. Coût : 3.573 livres. Arch. dép., C 1242. Ce travail fut exécuté.

5. Coût : 2.708 livres 6 sols. *Ibid.*

exécuter la bâtisse pour y loger le réservoir des fontaines et qu'il « prend tous les moiens pour le gêner dans l'établissement de sa machine... »

« Je vous supplie en grasse (*sic*), de vouloir bien me communiquer copie de son plan » poursuit Jouis, « afin d'y faire changer ce quy me paroit déla contraire au dit établissement... que la Ville atant (*sic*) avec tant d'empressement et éviter ainsy le désagrément de faire et de défaire continuellement les ouvrages... »

« Il vous plaira aussy Monseigneur » — écrit le plaignant, en matière de conclusion — « de me faire cotter le dans œuvre audit réservoir » afin « d'être fixé sur sa contenance d'eau... » Ainsi Jouis, jaloux à l'excès du secret de son invention, voulait de son côté être renseigné à fond sur les intentions de Bonfin concernant une œuvre assez différente de la sienne.

De Tourny s'abstint de répondre.

Entre temps — 27 septembre 1759 — Bonfin a ordonnancé le compte du maître-pompier Bernard relatif à la pose de pompes, de robinets et de soupapes pour les fontaines en construction sur le port[1].

Lucas arrive enfin au bout de sa tâche. Les Jurats peuvent — à la date du 24 octobre de cette même année — lancer l'ordonnance suivante :

« *Deffenses à tous palefreniers, valets d'écurie et autres, de faire abreuver les chevaux aux fontaines nouvellement établies, tant sur le port et hâvre, que dans l'intérieur de la Ville et aux blanchisseuses et autres, de laver le linge, la morue et autres choses, dans le bassin des di es fontaines.*

Faisons également deffenses à tous particuliers, de quelque état qu'ils soient, de porter des tonnes aux dites fontaines, pour les

1. Du 21 février au 24 septembre 1759, la dépense s'éleva à 1.704 livres 17 sols 6 deniers. Une somme de 540 livres s'adresse, d'autre part, au coût du raffinage des cendres de plomb, opération dont Bernard s'était chargé. Il avait été posé dans la zone du port, trente et un robinets de divers calibres. Arch. mun., DD 28-29.

remplir d'eau et de toucher le repoussoir des dites, pour en faire perdre l'eau... le tout à peine de cent livres d'amende pour chacune des contraventions cy-dessus[1].

La dernière phase — celle des règlements de compte — va s'ouvrir. Jouis paraît ouvrir le feu.

Le 10 décembre 1759, il dépose un état concernant la dépense que lui a occasionnée la construction de sa machine.

Le coût en est modique : 983 livres 2 sols[2]. La raison s'en trouve expliquée dans les lignes suivantes : « *Pour les deux machines en fonte et cuivre, quy composent les deux pompes et pour la fasson, l'exposant met : Néant.. quoi qu'il luy ay couté considérablement... n'antandant* (sic) *donner ny vandre le dit secret, voulant se le rezerver... Cependant veust bien que la Ville en jouisse, toutefois, s'en rezervant la direction et s'en remetant, pour la recompense de ladite machine à la promesse de monseigneur de Tourny et de messieurs les Jurats... quy ont assuré l'exposant que s'il réussissait il mériteroit une fortune des plus brillantes...* »

Comme l'on voit, Jouis n'était point aussi désintéressé que l'on pourrait le supposer au premier abord.

En matière de conclusion, il écrit .

« C'est sur cette promesse que l'exposant a mis tout en œuvre pour y parvenir... qu'il a abandonné depuis plus de quatre ans le commerce considérable qu'il faisait[3] et fait de grosses dépences, à fondre et refondre les matières, pour parvenir

1. *Reg. des délib. de la Jurade*, f° 146.

2. Du marché passé entre Jouis et Guitet, maître poulieur, il s'ensuit que les deux corps de pompe, ayant chacun 27 pieds de long, ont coûté : 234 livres; les deux autres, de 10 pieds de long — pour allongement des précédents — montèrent à 120 livres.

3. Il nous a été impossible de découvrir le genre de négoce auquel s'adonnait Jouis. Par contre nous avons trouvé trace d'une gratification de 600 livres qu'il reçut du Roi, sur la recommandation du comte d'Estaing, pour un modèle d'affût de canon dont il était l'auteur.

Cf. plaidoyer pour M. le maire de Bordeaux contre le sieur Joseph Jouis, 1840, p. 31.

au point où on voit aujourd'huy ladite machine dans toute sa perfection[1]... »

Du côté de l'entreprise Lucas les choses se sont passées d'une façon toute différente. Le maître plombier parisien a poursuivi sa besogne sans bruit et en homme consciencieux. Des acomptes lui ont été versés d'une façon régulière; le premier par les soins du sieur Cholet, trésorier de la Ville; les autres par le sieur Lacombe préposé à la tenue de la caisse des « droits de lestage ».

Par un état général — établi à la date du 18 janvier 1760 — il est facile de se rendre compte de la marche des travaux confiés aux soins du protégé du marquis de Marigny[2].

1. En nota : Remis à Mgr de Tourny le 10 décembre 1759. Signé : Jouis. Arch. dép. de la Gir., C 1241.

2. Versements effectués :

7 septembre 1758 (par M. Cholet) mandement du 2 janvier précédent	1.200 livres		
25 septembre 1758 (par M. Lacombe)	3.000	—	
21 décembre 1758 (pour remboursement des frais du transport de Paris à Bordeaux des moules et ustensiles de Lucas	251	—	2 sols 6 deniers
21 décembre 1758 (pour acompte sur les ouvrages en cours d'exécution)	3.500	—	
2 avril 1759 (*ibid.*)	4.500	—	
21 juillet 1759 (*ibid.*)	4.500	—	
24 novembre 1759 (*ibid.*)	669	—	5 sols
Total	17.620 livres		7 sols 6 deniers
Avoir :			
1° Pour le remboursement du voyage d'ntoine Lucas de Paris à Bordeaux et pour ses honoraires suivant le marché passé le 7 août 1758	3.000 livres		
2° Pour la fonte, façon et pose de tous les plombs des fontaines	20.000	—	
3° Pour le remboursement des frais de transport des moules et ustensiles	251	—	2 sols 6 deniers
Total	23.251	livrės	2 sols 6 deniers
Total de la recette	17.620	—	7 — 6 —
Reste dû	5.630 livres		15 sols
« Sur quoy il faut laisser en garantie, jusqu'au 30 janvier 1762	3.000	—	
Reste à payer à Lucas	2.630 livres		15 sols

Un mandement de pareille somme fut établi le 23 janvier de cette dernière année. Arch. mun., DD 26.29.

L'acte final, c'est-à-dire la vérification des travaux ne va point tarder à apparaître.

A cet effet la Jurade délégua, le 30 janvier 1760, l'un de ses membres, le sieur Louis Combelle pour se livrer — assisté de l'architecte Bonfin, du maître fontainier Brion et d'un greffier,—à un examen d'ensemble devant porter plus particulièrement sur le résultat de la tâche confiée à Antoine Lucas.

Ces messieurs firent diligence et purent présenter, le 6 février suivant, devant le corps municipal assemblé, un rapport des plus complets.

De l'extrait consigné sur le Registre de l'Hôtel de Ville à la date de ce jour-là nous extrayons les passages suivants :

« Nous étant transportés » — indique le rapporteur — «... au réservoir desdites fontaines, situé près de la Font-de-l'Or sur le port... après avoir fait remplir en entier ledit réservoir... les tuyaux des fontaines préalablement fermés... le niveau du liquide — après une heure d'examen, avec un pied de Roy — n'a pas diminué d'une ligne... »

« Nous sommes descendus » lit-on ensuite, « au-dessous dudit réservoir et avons trouvé les poutres de soutènement et le plancher en bon état... Nous étant transportés aux fontaines de la porte Bourgogne, de la place Ste-Colombe, du Chay des Farines, du Marché Royal, de la place Royale... *l'eau a été fournie avec toute l'aisance nécessaire...* »

Un acte de satisfaction « fut en conséquence délivré à Antoine Lucas[2]. Quelques jours plus tard, (6 mars 1760) la Ville fit publier un document intitulé : *Mémoire* relatif à la position des nouvelles fontaines ayant pour sources les eaux du puits, quarré de la rue Carpenteyre et de la fontaine de l'Or[3] ».

Mention est faite en premier lieu de ce que les eaux sont élevées par deux pompes, mues par des hommes ... dans un ré-

1. Contenance : 200 barriques.
2. Décharge lui fut aussi donnée relativement à un solde de tuyaux de plomb inutilisés (de différents calibres).
3. Arch. dép., C 1242.

servoir, dont le fond est supérieur à la surface desdites, de 21 pieds 2 pouces[1], lequel alimente neuf fontaines[2] donnant ensemble : 16 pouces fontainiers d'eau (le pouce dépensant, 14 pintes de Paris par minute[3]).

Six jours après (12 mars 1760) l'intendant Boutin nouvellement arrivé à Bordeaux, visait la délibération de la Jurade portant qu'à partir du 1er avril suivant il serait pris annuellement sur les revenus ordinaires de la Ville, la somme de 1600 livres, pour le paiement des manœuvres affectés au service des pompes hydrauliques de la Font-de-l'Or[4].

Quant aux fournisseurs, des matières premières : plomb, cuivre et étain ils avaient été quelque peu oubliés.

Ainsi nous trouvons les négociants bordelais Barton et Delap se présentant en Jurade le 10 avril 1760 pour tâcher d'obtenir la somme de 27.779 livres qui leur était due.

Usant d'une clause insérée dans le contrat du 31 octobre 1758 déjà citée — la Ville en accord, du reste, avec les réclamants reporta au 31 octobre 1760 le susdit règlement. Toutefois elle s'engagea à payer aux ayants droit un intérêt de 5 % et ce à partir du 31 octobre 1759.

1. Dimensions indiquées : 1.400 pieds cubes.

2. Emplacements désignés :

a) deux, adossées aux piles de la porte Bourgogne (face intérieure);
b) une, à l'entrée de la rue du Chai-des-Farines;
c) une, à la place Ste-Colombe (où était le puits);
d) deux, aux angles sud et nord, du quai de la place Royale;
e) une, au milieu de la place du Marché Royal;
f) une au « Chartron à l'endroit où étoit l'ancienne » (en face de la rue Raze):
g) une, au « Chartron, sur le quay en face du milieu de la rue Borie ».

3. Chaque fontaine donnait deux pouces d'eau. Le réservoir pouvait les entretenir pendant trois heures vingt-cinq (coulantes toutes, durant ce laps de temps). La principale canalisation (allant de la Font de l'Or jusqu'à la grille de la place Royale) avait tout juste 5 pouces de diamètre et 5 lignes d'épaisseur. Le diamètre des canalisations secondaires n'atteignait que 2 pouces sur 3 lignes d'épaisseur. Tout cela était notoirement insuffisant. Le présent document contient un détail relatif à l'établissement de deux nouvelles fontaines ayant pour source les eaux d'Arlac (fontaines dites des Minimes et de Saint-Chrystoly).

Cette amélioration marque l'abandon définitif des projets s'adressant à l'utilisation de la source connue sous les noms de Crespiac, des Carmes ou d'Artiguemale.

4. *Reg. des délib. de la Jurade*, f° 179.

Jouis lui aussi est las. Les pouvoirs publics ne lui ont guère fourni et prodigué jusqu'à ce jour, que des encouragements. Or il à sa charge une épouse, un fils et six filles. Force lui est de pousser le cri d'alarme.

« Il y a sept ans et demy », écrit-il au Maire, « que je travaille sans aucune rétribution... ». Le plaignant rappelle aussi que son action ne s'est point bornée à la Font-de-l'Or. Sur l'ordre à lui donné, par de Tourny, il a fait disposer le pavillon du Jardin Public «... au point actuel... pour y établir une seconde machine élévatoire... y faire le jet d'eau... et construire quatre fontaines aux Chartrons... »

« Depuis deux ans et demy... l'eau est fournie grâce à mon appareil, mentionne-t-il, non seulement aux fontaines situées dans la zone riveraine du fleuve, mais aussi à celles de l'intérieur de la ville, lorsque l'eau vient à manquer « ce quy arrive trois ou quatre fois par an... »

Jouis insiste ensuite sur l'impossibilité de douter de la réussite de sa machine surtout lorsque l'appareil sera construit en fonte de fer ainsi qu'il s'y dispose[1].

Le requérant mettra trois ans pour obtenir satisfaction[2].

Par un traité portant la date du 17 janvier 1763, Jouis devait fournir par écrit le secret de sa machine. Latitude lui était toutefois accordée de déposer celui-ci, sous enveloppe cachetée. En échange il recevrait de la Jurade :

1° Un traitement annuel de 2.400 livres;

2° La disposition — sans exclusivité — des eaux de la Font-de-l'Or;

1. La suite du Mémoire s'adresse à la substitution de la traction humaine (4 manœuvres et 1 valet) par celle de 3 chevaux (2 en service et 1 de relais), pour le fonctionnement de la machine élévatoire de la tour du Courpet. Le principe fut adopté. Une économie annuelle de 390 livres en résulta pour la Ville.

2. A signaler simplement, au cours de cette période, l'ordre donné, par l'intendant Boutin, au sieur de Gaulard de Journey — receveur des droits sur les entrées et sorties des ports de la Généralité — de délivrer une somme de 1.500 livres à Pierre Jouis pour la mise en place de pompes de fer à plusieurs fontaines, notamment à celle de la Maison Daurade. Arch. mun., DD 28-29.

3° La promesse de donation d'un emplacement municipal d'une valeur de 7.000 livres[1], situé aux environs de la place Dauphine, avec garantie des premiers lods et ventes, envers le Domaine et les seconds, envers la Ville, au cas où le bénéficiaire jugerait à propos de s'en défaire[2].

Jouis demeurait par contre chargé de la nourriture de trois chevaux qu'avait acheté la Ville pour ce service, ainsi que du soin de pourvoir — le cas échéant — à leur remplacement.

Tournons un instant les yeux vers Lucas, qui va figurer, aussi lui, au nombre des réclamants.

Sa besogne achevée le maître-plombier a regagné la capitale, où son père est très absorbé, en raison surtout des adjonctions incessantes et importantes apportées au château de Saint-Hubert[3], le célèbre rendez-vous de chasse royal, situé à l'orée de l'admirable forêt des Yvelines.

Sous la haute direction d'Ange Jacques Gabriel et l'œil attentif du marquis de Marigny, les sculpteurs Verberckt, Rousseau, Pigalle, Falconet, Coustou, Slodtz, le peintre Bachelier, etc., font éclore chaque jour des merveilles, surtout dans le pavillon central[4].

Dans des tâches plus modestes, le stucateur Clericy, les menuisiers Guénou et Clicot, le plombier fontainier Lucas

1. A titre de récompense pour le travail fourni par lui depuis l'année 1758.

2. Une copie de cet accord, signé : Boutin, se trouve collée au f° 99 du Reg. des délib. de la Jurade, de cette même année.

3. A deux lieues à l'est du château de Rambouillet, lequel appartenait alors au duc de Penthièvre. Louis XV y venait souvent en partie de chasse. Puis il songea à avoir, dans ces parages, un pavillon personnel pour lui et ses invités dont le nombre grossissait sans cesse. Les réceptions et chasses royales s'y succédèrent jusqu'à la mort de la Pompadour. Durant les dernières années de sa vie Louis XV venait peu à Saint-Hubert. Louis XVI, ayant acheté en 1783, le château de Rambouillet, abandonna complètement l'œuvre grandiose de Gabriel qui perdit peu à peu tout son lustre. Saint-Hubert fut vendu sous la Révolution. Il n'en demeure aucun vestige. Voir comte de Pels, *Ange-Jacques Gabriel*, p. 224 et suiv., 2e édit.

4. On sait que trois de ces artistes ont laissé à Bordeaux des œuvres méritoires : Verberckt, à l'ancien Hôtel des Fermes (Douane); Coustou et Slodtz, à l'ancienne chapelle de la Maison Professe des Jésuites (église Saint-Paul actuelle).

père, d'autres encore font montre d'une connaissance complète de leur métier et ce depuis plusieurs années.

Le séjour préféré de Louis XV et de la marquise de Pompadour exigera encore bien des semestres de labeur. Antoine Lucas est loin de Bordeaux. La Jurade l'oublie ou plutôt semble avoir perdu de vue les engagements de paiement pris avec lui. Il doit en appeler à l'intendant Boutin... « *Je vous prie Monsieur, d'espérer de vos bontés et des promesses que vous me fites l'honneur de me donner, lorsque j'eus celui de prendre congé de vous — que vous me feriez la grace de me faire employer dans les états de distribution que vous faites chaque quartier conjointement avec messieurs les Jurats* ». Lucas se plaint ensuite qu'un mandat de 600 livres remis au sieur Guitaud a été refusé par le trésorier Cholet.

Tout en réclamant la protection de l'Intendant, Lucas se montre conciliant et disposé à attendre encore son dû espérant qu'« il plaise » toutefois à Boutin de lui accorder la faveur de l'« employer dans les états » du courant de l'année suivante.

De nouvelles doléances seront exprimées le 18 mai 1762. Lucas se trouvait alors en possession du brevet d'entrepreneur des bâtiments du Roi, et sur le point de procéder à l'établissement de fontaines dans la ville de Moulins.

La Jurade lui devait encore 6.230 livres 15 sols. Or la clause de garantie était échue depuis le 30 janvier précédent[1]. Des réclamations du même ordre émanèrent aussi des négociants bordelais Ainslie et Barton fournisseurs des matières premières : plomb, cuivre, étain, ayant servi pour les conduites et appareils accessoires de l'entreprise Lucas. Dans le même moment, le quartier situé en arrière de la place Royale est en pleine transformation. Les eaux de la Font-de-l'Or vont être amenées au centre d'une place en formation. Certains détails présentant un réel intérêt, nous allons y consacrer quelques lignes.

VIII

La fontaine de la place du Marché-Royal. Le sculpteur Claude Francin.

Claude de Tourny vient, par raison de santé, d'être obligé d'abandonner ses hautes fonctions. Il s'est retiré à Suresnes où la mort le frappe le 14 septembre 1760[1].

Son père, Louis Urbain Aubert, le rejoint, moins de trois mois après dans la tombe[2].

L'intendant Boutin préside désormais avec plus de liberté aux destinées de la généralité de Bordeaux.

Le débit des fontaines échelonnées le long des quais — dont Boutin a eu à s'occuper quelque peu, — donnent en général satisfaction aux usagers. Mais leur aspect extérieur d'une simplicité extrême présente un contraste plutôt fâcheux avec d'autres ouvrages similaires tels que les fontaines de Saint-Projet ou de l'Hôtel des Fermes par exemple[3].

Reprendre le projet caressé un instant par Ange Jacques Gabriel d'orner l'arrière-plan de la place Royale d'une fontaine monumentale ou poursuivre l'exécution des groupes de Lemoine : la Garonne et la Dordogne, qui auraient servi de couronnement aux deux fontaines du perron du quai de Royan représentent des tâches assez inopportunes et au-dessus des moyens du moment[4].

Par contre il semble possible d'entourer de quelque agrément la fontaine de la Grave[5], de la place Sainte-Colonbe[6]

1. Son corps fut inhumé dans le couvent de Sainte-Anne, à Paris, paroisse de Sainte-Croix du Mont.

2. Le grand intendant s'éteignit dans la nuit du 28 au 29 novembre 1760.

3. La belle fontaine des Bénédictins de Sainte-Croix, récemment élevée elle aussi, étant une propriété particulière ne saurait entrer ici en ligne de compte.

4. Le devis se montait à 100.000 livres. Les deux groupes auraient présenté des figures de onze pieds de haut accompagnées d'un enfant et d'attributs en rapport avec le sujet représenté. Celles-ci étaient placées de telle façon qu'elles semblaient admirer Louis XV, campé fièrement sur un magnifique cheval.

5. Placée primitivement le long du mur de ville, près de la porte de ce nom.

6. Le peintre Jaudouin, membre de la Société, décédé il y a une quarantaine d'années en a dressé une gouache intéressante.

et celle du carrefour nouvellement tracé à l'extrémité ouest de la rue Royale[1].

Le marché de la volaille tenu jusqu'à ce jour sur le quai du Chapeau-Rouge vient d'y être transporté.

Une fontaine en harmonie avec les beaux immeubles de style qui s'élèvent autour de la future place du Parlement paraît devoir s'imposer, comme du reste dans les parages de la porte de la Grave.

L'intendant Boutin se rallie à cette idée. François Bonfin dresse des plans.

Le sculpteur choisi pour la fontaine du Marché-Royal est Claude Francin[2], connu avantageusement par plusieurs œuvres de valeur exécutées en premier lieu à Paris, puis dans notre ville où il résidait depuis le 10 juin 1748[3].

Francin s'engageait à exécuter « un ouvrage en marbre et en plomb ». Un supplément de 900 livres aurait permis de l'édifier tout en marbre[4].

Il convient de dépenser le moins possible. Bonfin réduit la demande de Francin à 2400 livres dont 1200 pour la façon. Le sculpteur accepte. Une police intervient avec la ville. Elle porte la date du 16 juillet 1759.

Sans retard il se met à l'œuvre. Le 27 septembre de cette même année le Trésorier de la ville lui délivre un premier

1. Le 25 septembre 1759 fut délivré au syndic de l'église Saint-Pierre, un mandat « pour l'indemnité de quatre maisons démolies pour l'embellissement du Marché Royal ». Reg. cap. Arch. dép., C. 2600.

L'idée primitive est d'Aubert de Tourny qui fit décider la Jurade — le 29 janvier 1754 — à démolir les maisons situées entre les rues des Ecuries et du Parlement pour y former une place, entourée de maisons de style uniforme, sous le nom de place du Marché Royal.

2. Petit-fils du sculpteur Lepautre, neveu et élève de Guillaume Coustou, l'auteur du célèbre groupe des chevaux de Marly.

3. Il remplaça — pour les frontons de l'Hôtel de la Bourse — Jacques Verberckt, retenu par le marquis de Marigny, tant au château de Saint-Hubert qu'à celui de Ménars. Dans le moment Francin travaillait aux motifs décoratifs du piédestal de la statue équestre du Roi. Pour détails, voir : P. Courteault, *La place Royale de Bordeaux*, p. 304 et suiv.

4. Arch. mun., DD 28-29.

acompte de mille livres. Puis tout s'arrête au chantier du Marché-Royal.

Les causes sont les mêmes que pour d'autres travaux d'embellissements : la construction par exemple de l'église Saint-Louis des Chartrons qui demeurera une œuvre mort-née. A défaut de dessin nous allons , par une correspondance adressée par l'intendant Boutin aux Jurats, connaître dans ses grandes lignes tout au moins ce qu'aurait été la fontaine du Marché-Royal. Ce document porte la date du 21 novembre 1764. Francin venait donc de terminer les deux beaux bas-reliefs du piédestal de lá statue équestre de Louis XV : la bataille de Fontenoy et la prise de Port-Mahon.

« *Vous verrés, Messieurs* », écrit Boutin, « *par le mémoire du* « *sieur Francin que je joins icy, que pour finir entierement les* « *ouvrages quy restent à faire à la fontaine du Marché Royal* « *il y a encore une dépense de 3134 livres.*

« *Je sens bien que dans l'état actuel il vous seroit difficile de* « *prendre un party sur cet objet, parce qu'il peut entrer dans* « *l'arrangement que l'on se propose de prendre pour les affaires* « *de la ville, mais vous pourriés en écrire à Monsieur le Con-* « *trôleur général et sur sa réponse, vous vous détermineriés à* « *accepter ou refuser les offres que fait le sieur Francin de* « *mettre la dernière main à cet ouvrage.*

« *Le sieur Francin demande encore, par un autre mémoire* « *que je joins aussi icy le payement de 24.000 livres, quy luy* « *restent dus sur son marché des bas-reliefs du pied d'estal de* « *la place Royale*[1].

« *Il est juste de le satisfaire si on ne fait plus uzage de ses* « *talens. Mais comme la ville est hors d'état de le faire, dans les* « *circonstances actuelles, vous pourriés toujours, Messieurs,*

1. Les Jurats avaient décidé, le 24 novembre 1758, que la somme de 27.000 livres promise à Francin, pour les bas-reliefs du piédestal de la statue équestre serait prise sur la caisse des maisons démolies. P. Courteault, ouv. déjà cit., p. 373.

« *luy donner un mandat de cette somme à prendre sur la caisse* « *des maisons démolies... quy luy sera payé lorsqu'il y aura des* « *fonds suffisans pour remplir cet objet.*

« *Je suis, etc. ...* »

Inutile d'ajouter que les Jurats ne s'émurent nullement de leur dérobade envers les engagements pris précédemment avec Francin, lequel avait dû déjà se plaindre à de Tourny d'avoir perdu vingt mille livres sur l'un des groupes de la porte du Chapeau-Rouge[1].

Le mémoire de Claude Francin, concernant la fontaine du Marché-Royal est ainsi libellé :

« *Pour finir l'ouvrage dont Monseigneur l'Intendant a sus-* « *pendu l'exécution il, reste à faire la fonte en plomb de trois* « *quartels et de trois masques dont deux, sont destinés à fournir* « *l'eau et le troisième à former la cimetrie de la décoration. Il* « *reste aussy une partie de l'architecture en marbre à faire* « *et à finir une coquille destinée à recevoir l'eau du dauphin* « *sur lequel sera assis un triton soufflant de la conque quy doit* « *faire une chutte d'eau dans la dite coquille.*

« *Le triton quy doit faire le couronnement de la fontaine* « *reste à modeler pour estre fondu en plomb.*

« *Cette opération exige quatre à cinq mois de travail, tant* « *pour faire le modèle et le moule que pour les fondre, les réparer* « *et les cizeler.*

Pour mettre la dernière main à cet ouvrage le sieur Francin demande le montant du mémoire cy-dessus détaillé (3134 *livres*) «... *au moyen de quoy il se chargera de fournir le plomb...* » (*vingt quintaux à* 30 *livres l'un*) «... *le plastic nécessaire pour*

1. On sait qu'Aubert de Tourny tenait beaucoup à cet artiste. Il avait obtenu pour lui et les siens un logement dans les dépendances de la Bourse. D'une communication, faite par M. G. Loirette à notre Société — séance du 18 novembre 1927 — il résulte que Francin avait amené à Bordeaux son fils et élève, Guillaume, né en 1741 et ce après la demande de séparation de biens introduite en 1754, par sa femme née Angélique Lepautre. De Tourny avait aussi promis à Francin un terrain pour se construire une maison, mais il ne tint point parole sur ce dernier point.

exécuter cet ouvrage, moyennant et sous la condition que la ville luy fournira une barraque close et couverte pour le faire, n'aiant plus son attelier... »

Cette dernière phrase en dit long sur l'état de gêne où se trouvait alors Claude **Francin.**

Nous sommes en 1764. Le marché relatif à la susdite fontaine est en fait annulé depuis le 10 août 1762[1].

Francin écœuré[2] quittera, dans quelques mois Bordeaux, se dirigeant sur la capitale où le rejoindra un jour l'écrit suivant :

« Certifient à tous ceux qu'il appartiendra », notent les Jurats, « que sieur Claude Francin, sculpteur[3], reçu en l'Aca-
« démie royale de sculpture et de peinture, à Paris[4], quy
« a résidé en cette ville depuis plus de vingt ans, y a donné
« des preuves de son habileté dans l'art de la sculpture par
« *les différens ouvrages publics pour embellissement de la ville...*
« qu'il y a exécutés nommément dans la place Royalle... et
« par d'autres ouvrages particuliers auxquels il a été employé
« et qu'il s'est d'ailleurs très honnêtement comporté et sans
« reproche.

1. Arch. mun., DD 28-29.

2. « J'ay l'honneur de vous informer », écrira Francin à l'entendant de Boutin, le 12 février 1765, « que j'ay celuy d'écrire, par ce courrier, à monsieur de Marigny — en conséquence de la permission que vous m'en avés donnée — pour le prier de se joindre à Votre Grandeur, à l'effet d'engager monseigneur le contrôleur général, à me faire paier par la Ville, de la somme de 24.000 livres quy me reste due et des intérêts de ce capital, depuis que mes travaux sont finis. Daïgnés, monseigneur, vouloir bien employer votre crédit auprès de ce ministre pour me faire accorder cette justice. Daignés considérer que je reste icy à ne rien faire et à me consumer en frais, et que ce misérable fruit d'un travail de dix-sept ans est la seule ressource que j'aie pour aller — à l'âge de soixante ans — recommencer ma carrière aux travaux du Roy et du public.

« Je n'attends qu'après mon payement pour retourner à Paris.

« J'espère, Monseigneur, que vous voudrés bien entrer dans ma triste position et y joindre la grâce de me faire sçavoir quel party je dois prendre.

« Je suis..., etc. Francin. » Marionneau, *op. déj. cit.*, p. 11.

3. (...du Roi). A ce titre Francin avait un logement sous la grande galerie du Louvre. Par la communication de M. G. Loirette (déjà cit.), nous savons que cet artiste fut chargé — après 1740 — non seulement de l'entretien des châteaux des Tuileries et de la Muette; mais aussi de la « restauration des figures » de ces deux chefs-d'œuvre de l'architecture civile.

4. Reçu le 31 janvier 1767.

« En foy de quoy, etc... »

Il n'est pas inutile de relever que les deux mots : *ouvrages publics*, ont été rayés puis remplacés par : *ouvrages qu'il a faits à la satisfaction du public.*

La différence de pensée est sensible et montre à vif l'ingratitude des Jurats envers un artiste consciencieux et méritant mieux à tous égards[1].

La fontaine du Marché-Royal, demeurée à demi achevée disparut au cours de l'année 1776. Une banale fontaine où se lisait au-dessus *Eau de la Font-de-l'Or*, la remplaça.

Celle-ci était placée dans la rue Royale, près de la rue des Capérans. Sous le Second Empire elle disparut à son tour, remplacée par la fontaine qui s'élève au centre de la place du Parlement.

IX

Sous le règne de Louis XVI.

Sur la fin de l'année 1775, Pierre Jouis, s'aperçut, tout à coup, que les eaux de la Font-de-l'Or « se troubloient et s'épaississoient, dès l'apparition de la plus petite pluye ainsi qu'à la moindre augmentation des eaux de la Garonne. »

Les Jurats informés, s'assemblèrent le 12 janvier 1776 et chargèrent le maître-fontainier Brion de s'entendre avec l'architecte Bonfin, afin d'essayer de découvrir la cause de cet inquiétant état de choses[2].

Pierre Jouis se livra de son côté à une étude de la question et quelque temps après, il envoya un rapport circonstancié.

A l'article 6, il note : « *Les douês ou fossés quy sont au derrière* (du couvent) *des Capucins et du fort Louis, reçoivent les eaux de pluye, d'une partie très étendue des dehors de la ville... Elles y croupissent et s'y infiltrent.*

1. Claude Francin s'éteignit, à Bourg-la-Reine, le 18 mars 1773, âgé de 71 ans.

2. Reg. des délib. de la Jurade.

La machine hydraulique de Jouis (1763-1858).

Etat primitif de la fontaine de la Grave, due à François Bonfin (1788).

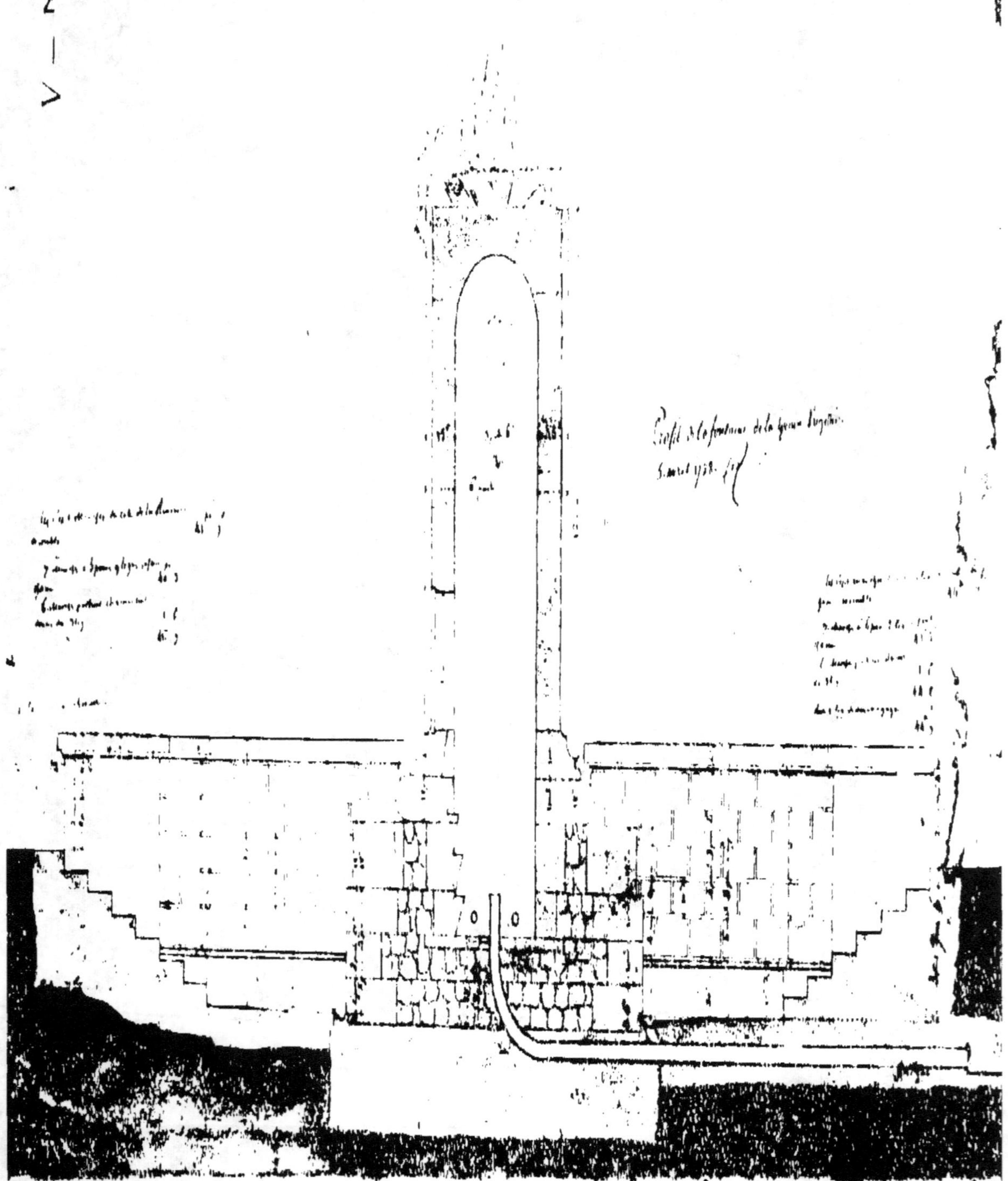

Coupe de la fontaine de la Grave, tributaire de la Font de l'Or (1788-1855)

Cette infiltration est très abondante et vient quelquefois troubler les eaux du réservoir de la source... Il conviendroit donc de nettoyer les rigolles quy sont dans le fond de ces doues et... assurer ainsy leur libre écoulement[1]. »

Une fois de plus, nous avons la preuve que les points d'eau sortant de terre à la base du « puids quarré de la rue Carpenteyre » ou sur une partie du quai dénommé, en ce temps-là : la Font de l'Or, provenaient des rameaux de cette source et non de la source elle-même, située dans la banlieue sud de la ville ainsi que nous en avons émis l'opinion au début de ce travail.

Pierre Jouis est bientôt parvenu au terme de sa carrière. Il s'éteignit le 8 mai 1783[2].

Son fils François lui succéda dès le lendemain, peut-être grâce à certains appuis.

Voici tout d'abord celui qu'il reçut de l'intendant Dupré de Saint-Maur, qui écrivit aux Jurats la missive suivante : « Je viens, Messieurs, d'être informé du décès du sieur Jouis qui occupoit la place de fontainier de la fontaine de l'Or. Le sieur Bernard, en m'annonçant cette nouvelle, m'ayant prié de faire[3] ce qui dépendroit de moi pour vous engager à lui accorder la place dont il s'agit — à laquelle il me paroitroit avoir plus de droit qu'un autre, soit parce que son père l'a déjà exercée précédemment, soit parce que lui-même est déjà employé sous vos ordres, à des fonctions du même genre — j'ai cru ne pouvoir lui refuser de solliciter vos bontés en

2. La dépense était estimée par Jouis, à 150 livres.

1. Voici son acte de décès : « L'an mil sept cent quatre vingt trois, le 8 du mois de mai, sieur Pierre Jouis, fontenier de la Ville, époux de demoiselle Marguerite Gouriac, âgé de 70 ans, est décédé sur la rivière, après le sacrement de l'extrême-onction et le lendemain son corps a été inhumé dans l'église (Saint-Michel) en présence de Clément Masselon et Bernard Duché qui n'ont sçu signer. » Arch. munic., Reg. paroissial.

3. Nous avons eu l'occasion de consigner déjà ce nom. Au sieur Bernard était confié le soin de l'entretien des pompes placées sur les puits publics de la Ville.

faveur de sa demande et de vous prier d'y avoir les égards dont elle peut être susceptible... J'ai l'honneur, etc[1]. »

Les Jurats assemblés, s'étant rendus compte que le sieur Pierre Jouis avec qui la ville avait passé un traité le 17 janvier 1763 laissait la demoiselle Gouriac sa veuve, chargée d'un fils et de six filles décidèrent que l'entretien de la machine hydraulique de la Font-de-l'Or devait être donné à ses représentants et qu'à cet effet il y avait lieu de les recevoir en survivance.

En conséquence le fils Jouis, François, va se trouver chargé de cet entretien, des trois chevaux attachés à ce service et de l'usage des eaux de cette fontaine sans toutefois que celui-ci soit en rien exclusif pour le public.

Cette dernière condition interprétée différemment par le successeur de François Jouis et la ville sera l'origine d'un long procès qui ne se terminera qu'en 1842 et dont nous donnerons un aperçu ultérieurement.

De la décision prise par les Jurats le 9 mai 1783 nous relevons que les gages de 2.400 livres attribués à ladite place seront et demeureront en propre à la dite dame veuve Jouis et filles, le dit sieur Jouis fils y renonçant expressément et se contentant du cazuel de la dite place[2] c'est-à-dire de la vente de l'eau à tant la barrique (quelques sols).

Aucun fait notoire n'est à signaler au cours des quatre premières années de la gestion du sieur François Jouis; mais, il devient, de plus en plus notoire, que les services attendus de la Font-de-l'Or ne répondent plus en aucune façon aux besoins multiples d'une population sans cesse grandissante. Par ailleurs ses qualités devenaient de plus en plus douteuses[3]. Aussi une industrie curieuse était-elle née de cet état de choses,

1. DD fonds non classé. Nous devons la connaissance de cette missive inédite à l'obligeance de M. Védère, archiviste municipal.
2. Présents : MM. Lauzacq, Letellier, de Massip, Monnerie, Seignouret, jurats; Buhan, procureur-syndic; de Lamontaigne, secrétaire de la Ville.
3. Il en était de même de l'eau des divers puits publics.

celle dite des *marchands d'eau* lesquels s'approvisionnaient à deux sources, situées dans l'ouest de la ville, dites de Lagrange et de Figuereau.

Notre intention est de traiter ce sujet intéressant, dans une étude séparée.

Cette innovation ne constituait, à vrai dire, qu'un palliatif minime. Des mesures sérieuses s'imposaient d'urgence. Chacun du reste le reconnaissait.

Le procureur syndic Buhan eut enfin le courage de pousser le cri d'alarme.

Réunissant le Corps de ville il se fit, le 23 janvier 1787, l'éloquent défenseur de la santé publique et dressa un tableau complet de la triste situation dans lequel se trouvait le service de distribution des eaux de consommation : débit, conduites, réservoirs, etc. Rien de tout cela ne répondait plus de l'heure.

Ce magistrat déclara aussi qu'un projet général, ayant trait à cette question, devait être dressé et qu'il proposait, pour ce soin, le mathématicien Larroque, l'architecte Bonfin, le professeur d'hydrographie, le sieur Blanc et Thiac aîné, maître fontainier. Quatre mois après — le 7 mai — la question ayant été reprise devant le Corps municipal assemblé, le procureur-syndic Buhan, rappela la genèse de cette affaire ainsi que la mission dont venait d'être chargé, le 3 de ce même mois, le chimiste Villaris.

Ce dernier avait à examiner la composition :

1° Des différentes eaux de consommation, présentement utilisées par la ville;

2° De celles produites par quelques autres sources, peu éloignées de l'agglomération urbaine.

En ce qui concerne les eaux de la Font-de-l'Or, Villaris les trouva « d'une qualité inférieure... chargées de matières calcaires et... d'une grande quantité de particules hétérogènes.»

Du rapport des sieurs Larroque, Bonfin,Blanc et Thiac dont

l'assemblée communale décida l'impression[1] nous ne retiendrons ici que les points suivants sur lesquels l'attention des rapporteurs s'était surtout portée :

1° La qualité d'eau de consommation, dont dispose la ville de Bordeaux, n'est plus en rapport avec le nombre de ses habitants;

2° Les eaux de la Font-de-l'Or, paraissent douteuses[2];

3° Le peuple « souffrant de ces défauts » il convient d'amener de nouvelles eaux dans la Ville et de corriger celles qui sont mauvaises.

L'appréciation des rapporteurs susdits quant à la valeur des eaux de la Font-de-l'Or est tout aussi défavorable que l'opinion émise par Villaris.

« Ces eaux » — écrivent-ils — « prises à la fontaine sont corrompues... l'analyse chimique ne permet pas d'en douter... elles se troublent sensiblement toutes les fois qu'on néglige de tenir libre le cours d'un égoût qui passe dans le fossé de Ville au-dessous de la plateforme des Capucins ».

Ainsi onze ans après, la remarque faite par Pierre Jouis, aucune tentative de suppression de cet inconvénient ne s'était produite.

Avec juste raison les rapporteurs de 1787 déclarent :

1° « C'est un mal d'en élever treize ou quatorze pouces pour abreuver une grande partie de la Ville »;

2° « C'est un mal encore plus terrible de permettre aux capitaines d'en emporter pour abreuver leurs équipages ».

Etait-ce un verdict d'abandon immédiat et complet ? Non. Un moyen terme est proposé : « reconnoître la source et en saisir ses différens rameaux à quelque distance avant son entrée dans le faubourg.

1. Son titre est : *Mémoire sur la possibilité d'établir, à Bordeaux, un nombre suffisant de fontaines*, 79 pages et 3 tableaux.

2. Mention est faite que ces eaux servent aux Chartrons et à toute la partie de la Ville, riveraine du fleuve.

Les eaux auraient été dirigées, par des conduites de fer, jusqu'à un réservoir d'où elles seraient ensuite parvenues aux fontaines publiques. Les rapporteurs Larroque, Bonfin, Blanc et Thiac déclarèrent toutefois qu'en cas d'impossibilité de reconnaître le point originel de la Font-de-l'Or il y aurait lieu alors de capter des sources pures et fournissant un débit au moins égal à celle-ci[1].

Les regards se portaient naturellement vers les sources, de l'Eau Bourde, à Gradignan et celles de Mérignac, mais il en résultait une dépense représentée par douze à treize millions actuels.

Dans le moment, venait de s'opérer un changement de ministère. Ces sortes d'événements ne facilitent guère, même de nos jours, la mise en marche des projets déjà acceptés.

Dans le Registre de correspondance des Jurats se lisent les détails suivants : « La suspension qu'éprouve la rentrée des fonds que le Domaine doit nous rendre, porte le plus grand préjudice aux travaux des fontaines.

« Les réparations du port ne sont point suspendues... mais ouvrages dispendieux tels que la prorogation des acqueducs et l'établissement des crèches, souffrent de ce retardement.

« Il faut beaucoup d'argent pour tout cela, et vous savés que nous n'en avons guère...

« Nous vous prions, de nous en procurer, le plus promptement... » Ainsi se terminait une supplique adressée le 21 avril 1787 au vicomte Duhamel[2].

Les derniers jours de la monarchie s'achèveront sans aucun changement, en cette matière, exception faite de la reconstruction de la fontaine primitive de la Grave[3], conséquence du vote, par la Jurade, de l'élargissement du quai en cet endroit-

1. *Mémoire susdit*, p. 62-63.
2. Folio 45.
3. Se trouvait à environ 25 mètres plus au sud que la fontaine actuelle.

là[1]. François Bonfin reçut mission de se charger de ce travail[2] attribué par erreur et en bien des cas à Ange Jacques Gabriel. L'éminent premier architecte du Roi était d'abord décédé depuis le 3 janvier 1782 et la facture de cette fontaine d'un style plutôt lourd est bien loin de sa manière de faire habituelle[3].

(à suivre.)

1. Séance du 26 février 1788.

2. Comme l'on peut s'en rendre compte par les planches ci-jointes — dont nous devons la connaissance à l'extrême obligeance de MM. Védère, archiviste municipal et Chaubet, attaché à ce même service — le public devait primitivement descendre plusieurs marches pour accéder aux prises d'eau (alimentées par la Font de l'Or — d'où son nom parfois). L'architecte Durand déposa le 23 avril 1827 un projet de restauration et de surhaussement. Ce travail s'exécuta plus tard.

3. Les cannelures, le feuillage de la guirlande de la base et surtout les griffons dénotent bien aussi que nous ne sommes plus sous Louis XV, ni même au début du règne de son successeur.

FRANÇOIS DALEAU

Préhistorien
Archéologue-Ethnographe

Le mercredi 16 novembre 1927 est mort à Bourg, un de nos collègues que nous entourions tous d'une affection profonde, non seulement par l'auréole scientifique qui l'enveloppait, par l'âge vénérable qui en faisait notre doyen, mais aussi par la grandeur et la bonté de son caractère. François Daleau possédait en effet toutes les qualités du véritable savant : Erudition étendue et variée, sens pénétrant de l'observation, clarté dans la déduction, exactitude dans l'analyse, et prudence dans le jugement.

Né en 1845 dans la commune de Bourg où son père et son grand-père avaient été notaires, apparenté par sa mère à cette vieille famille Brizard, honorablement connue dans notre région, il montra dès sa jeunesse un penchant très marqué pour les sciences; en outre le secret de nos vieilles légendes et de nos croyances populaires l'attirait particulièrement, et il cherchait dans son esprit d'adolescent à séparer la vérité de la fable, le fait réel de son enveloppe brillante.

C'était l'époque où les nations rivalisaient de zèle dans les recherches sur l'antiquité de l'homme et les instruments qui pouvaient encore en marquer la trace d'une manière certaine.

A la suite de Tournal et de Boucher de Perthes, Eugène Lartet s'était résolument engagé dans la carrière avec le Dr

Garrigou; Daleau qui venait de faire la connaissance de Cartailhac, de G. de Mortillet et de Gassies, alors conservateur du Musée de Bordeaux, se voua à l'étude de sa région qui devait lui réserver de si grandes joies. Sur les conseils de Cartailhac il fouilla la station de Jolias à Marcamps dont les résultats parurent en 1874 dans la *Revue d'Anthropologie de Paris*.

Dès lors son nom est connu comme chercheur, il se fait inscrire successivement à l'Association Française pour l'Avancement des Sciences, dans les Congrès de laquelle il rencontra Girod, Massénat, Filhol et Gaudry; à la Société d'Anthropologie de Paris où grâce à Paul Broca, qui lui donna les directives de l'anatomie générale, il s'appliqua à la détermination sûre des ossements divers qu'il rencontrait dans ses fouilles.

A la suite d'un voyage qu'il fit avec Motelay Dufau et Dulignon-Desgranges le long du littoral de l'Océan, de la pointe de Grave au Cap-Ferret, il releva plusieurs traces de stations préhistoriques qu'il signala aux spécialistes, dans de nombreuses études, dont la principale parut dans le Bulletin de la Société de Géographie commerciale de Bordeaux.

Son entrée à notre Société en 1875 fut marquée par un travail sur la grotte des Fées et sur l'abri sous roche de Marmisson qu'il venait d'explorer, et il n'a jamais cessé depuis de collaborer à notre Bulletin.

En 1881 il attaqua la grotte de Pair non Pair, découverte le 6 mars, dont les fouilles l'occupèrent pendant quinze années et attirèrent sur lui l'attention du monde savant.

Les nombreuses pièces diverses qu'il retira des déblais, formèrent le noyau du riche Musée qu'il avait réuni. C'est le plus important mobilier découvert dans les cavernes de notre région.

C'est dans cette grotte qu'il signala longtemps après cette

époque, les gravures ornant les parois de la roche, et qui en font une curiosité presque unique. On sait que c'est grâce à son influence que Pair Non Pair, est devenue en 1902 propriété de l'Etat.

Après plusieurs explorations en Périgord et en Charente, il entreprit de fructueuses fouilles à la caverne de Boucaud, à la cachette de Barail à Braud, à celle du Pouyau à Saint-Androny, au dolmen du Cabut à Anglade, à la station de la Bertonne à Peujard, à la cachette du Moulin-Neuf à Braud, dont les résultats parurent dans notre Bulletin.

La fondation de la Société d'Anthropologie de Bordeaux, lui faisait ouvrir vers 1885 cette vaste enquête sur les légendes, dictons, croyances et contes populaires qu'il mena à une réussite complète, de concert avec M. Camille de Mensignac et dont les résultats ne comportent pas moins de 116 pages.

Entre temps il publiait de nombreuses observations personnelles sur les traces de primitivité qu'il avait remarquées sur les instruments et outils modernes, notamment la taille des silex, les clous des barques, les hameçons, les cuillères, les fibules etc..., même les pierres à chocolat, étude que devait plus tard reprendre, le docteur Raphaël Blanchard.

Sa collaboration à la Société Linnéenne n'a pas été moins fructueuse et la publication de nombreuses notes sur des sujets d'histoire naturelle depuis des mollusques microscopiques jusqu'à la floraison d'un Agave à Bourg, en sont une preuve convaincante.

Voilà l'œuvre de François Daleau, avec la création de son Musée, témoin palpable de son labeur, œuvre précieuse et honnête qui lui a attiré l'admiration de tous les érudits.

Son Musée était devenu un pèlerinage classique pour les savants étrangers venant en France, et chaque visite attestée par les trois volumes de son album, lui apportait un peu de cet hommage discret rendu à l'érudit.

Malgré l'altération de sa santé il conserva cette force morale et cette aménité de caractère que possède l'homme vraiment supérieur.

La disparition récente de son frère André avec lequel il vivait dans une entente parfaite lui avait seulement montré la notion de sa fin prochaine et il prit alors quelques dispositions pour faire un emploi judicieux de ses biens. A la Ville de Bourg et à son hospice de vieillards il laissa cette propriété de l'Abbaye si longtemps ouverte à tous les visiteurs, la propriété du Mas, la Maison du Cercle etc..., et les collections préhistoriques et ethnographiques de son Musée sont destinées à l'instruction du public en entrant dans les Musées Municipaux de Bordeaux.

Espérons que notre cité comprendra la valeur de ce don en lui réservant une place en vue dans les collections municipales qu'elles contribueront à rehausser.

Son œuvre est-elle définitive ? tous les filons sont-ils complètement exploités ?

Ce n'est pas notre idée intime, il a ouvert la voie il a amassé des matériaux en nombre considérable dont d'autres profiteront après lui et dont s'honoreront l'histoire de notre région et la science en général. Ce sera le plus beau titre de gloire de François Daleau, d'avoir été un vrai savant et un précurseur de la préhistoire. Puisque sa modestie quelquefois exagérée, nous a empêché de lui décerner ce titre pendant sa vie, la Société Archéologique de Bordeaux peut bien l'appliquer à sa mémoire et le lui garder dans son souvenir.

Marcel CHARROL.

TRAVAUX ARCHEOLOGIQUES ET ETHNOGRAPHIQUES

1 La taille du silex à l'époque préhistorique. *Association Française pour l'avancement des Sciences*, Lille, 1874, 2 p. in-8°.

2 Note sur la station de Jolias à Marcamps[1] (Gironde). *Revue d'Anthropologie*, Paris, 1874, 8 p. 3 pl.

3 La grotte des Fées à Marcamps. *Bulletin de la Société Archéologique de Bordeaux*, t. 1er 1875, 11 pages in-8°, 2 pl.

4 La Pierre Levée de La Roche à Lavallée (Ch.-Infre). *Société Arch. de Bx*, t. III, 1876, 2 p. in-8°.

5 Carte préhistorique du département de la Gironde. *Ass. Franç. p. l'Avanc. des Sciences*. Clermont-Ferrand, 1876, 14 p. in-8°.

6 Observations sur les légendes des monuments préhistoriques. *A. F. A. S.*, Le Havre, 1877, 4 p. in-8°.

7 Légende de la fontaine des Fées ou Fons Galline, à Tauriac (Gironde). *Soc. Arch. de Bx*, t. IV, 1877, 2 p. in-8°.

8 Abri sous roche de Marmisson à Gauriac (Gironde). *S. A. B.*, t. IV, 1877, 2 p. in-8°.

9 Les découvertes de l'âge du bronze en Gironde. *S. A. B.*, t. V, 1878, 3 p. in-8°.

10 Notice sur les stations préhistoriques de l'étang de Lacanau. *Congrès International des Sciences Anthropologiques*, Paris, 1878, Imp. Nat., 4 p. in-8°.

11 Les stations préhistoriques des étangs d'Hourtin et de Lacanau. *A. F. A. S.*, Montpellier, 1879, 8 p. in-8°.

12 Une excursion à St-Ciers la Lande[3]. *S. A. B.*, t. VI, 1880, 2 p. in-8°.

13 Une cachette de fondeur de l'âge du bronze en Gironde. *S. A. B.*, t. VII, 1880, 4 p. in-8° 1 pl.

14 La porte du château de Caribert à Blaye. *S. A. B.*, t. VII, 1880.

15 Inscriptions des cloches des églises de Berson et de Cubnezais (Gironde). *S. A. B.*, t. VII, 1880.

16 Une station préhistorique au Sabiard (Cne de St-Palais). Les

I. En collaboration avec M. B. Gassies.

doucs de Marcillac et de St-Aubin (Gironde). *S. A. B.*, t. VII, 1880.

17 La grotte de Pair non Pair, à Marcamps (Gironde), *A. F. A. S.*, Alger, 1881, 2 p. in-8°.

18 L'Age du bronze en Gironde. *Matériaux pour l'histoire primitive et naturelle de l'homme*, t. XII, Toulouse 1881, 2 p. in-8°.

19 L'Anthropologie au Congrès d'Alger, *S. A. B.*, t. IX, 1881-1882.

20 Quelques stations préhistoriques des environs de Bergerac. *A. F. A. S.*, La Rochelle, 1882. 4 p. in-8°.

21 Notice sur les lésions que présentent certains os de la période paléolithique. *A. F. A. S.*, Rouen, 1883, 3 p. in-8°.

22 Les pointes à crans de l'époque Solutréenne. *A. F. A. S.*, Blois, 1884.

23 Une excursion à l'étang de Cazaux. *S. A. B.*, t. IX, 1883-1884.

24 Trois canines du Lion des Cavernes recueillies à Pair non Pair. *Soc. d'Anthropologie de Bx*, t. I, 1884.

25 Station robenhausienne du Coteau du Tertre à Baneuil (Dordogne). *Soc. d'Anthr. de Bx*, t. Ier, 1884, 3 p. in-8°.

26 Les ateliers robenhausiens de Creysse et de Lanquais (Dordogne). *A. F. A. S.*, Blois, 1884, 2 p. in-8°.

27 Une excursion à Porcherioux (Loir-et-Cher). *Soc. d'Anthr. de Bx*, t. I, 1884.

28 Quelques silex de Thenay. *Sté d'Anthr. de Bx*, t. 1er, 1884.

29 L'Ethnographie française. Projet d'exposition pour 1889. *Journal l'Homme*, juillet 1885.

30 Note sur les silex de Thenay (Loir-et-Cher). Os travaillés de l'époque paléolithique. *A. F. A. S.*, Grenoble, 1885, 3 p. in-8°.

31 La Maye en Gironde. *Sté Anthrop. de Paris*, t. VIII, 3e série, 1885.

32 Les instruments chelléo-moustériens de la caverne de Pair non Pair. *A. F. A. S.*, Nancy, 1885.

33 Découverte archéologique en Gironde. Les Palets. *Matériaux pour l'hist. primit. et nat. de l'homme*, Toulouse, 1886.

34 L'Anthropologie au Congrès de Grenoble. *Sté d'Anthr. de Bx*, t. II, 1886, 9 p. in-8°.

35 Questionnaire pour recueillir les coutumes, croyances dictons, légendes, superstitions etc., et note sur le même sujet. *Sté d'Anthr. de Bx*, t. IV, f. 2, 1888, 116 p. in-8.

36 Une sculpture phallique de 1683. *Sté Arch. Bx*, 1888.

37 Une gisement paléolithique à Lalustre (Gironde). *Bull. Sté d'Anthr. Bx*, 1888, t. V, 3 p. in-8°.

38 Herminettes et ciseau-gouge du Cambodge. *Bull. Sté d'Anthr. de Bx*, 1888, t. V, 2 p. in-8°.

39 Un nouveau gisement chelléen à Marignac (Tauriac) (Gironde). *Sté d'Anthr. de Bx*, 1889.

40 Une hache à main de l'époque robenhausienne. *Sté d'Anthr. de Bx*, 1889-1891, t. VI, 4 p. in-8°.
41 Six nouvelles stations du Sud de l'Algérie. *Sté d'Anthr. de Bx*, 1890, t. VI, 2 p. in-8°.
42 A propos de la communication de M. Laborde sur un cas curieux exceptionnel du développement de l'instinct maternel chez la chienne. *Sté d'Anthropologie de Paris*, 1890.
43 Bague en or trouvée à Tauriac (Gironde). *Sté Arch. Bx*, t. XVI, 1891.
44 Chandeliers et mortiers en terre cuite (Industrie des tuiliers) *Sté Arch. Bx*, t. XVII, 1892, 9 p. in-8°.
45 Vestiges d'habitations sur pilotis à Magrigne (Gironde). *Sté Arch. Bx*, t. XVIII, 1893.
46 Une broche qui tourne d'elle-même. *Sté d'Anthr. de Paris*, 1894.
47 La caverne quarternaire de Boucaud (Gironde). *A. F. A. S.*, Bordeaux, 1895, 3 p. in-8°.
48 Hache de Belleroque, près Bourg (Gironde). *Sté Arch. Bx*, t. XX, 2 p. in-8°.
49 Etudes d'Ethnographie. Hameçons modernes en bois, et hameçons de la période paléolithique. *Sté Arch. Bx*, t. XXI, 1896, 5 p. in-8°.
50 Cachette de l'âge du bronze au Barrail, comm. de Braud (Gironde) *Sté Arch. Bx*, t. XXI, 1896, 8 p. in-8°, 2 pl.
51 Hache en bronze de La Vie, Cne de St-Pierre de Côle (Dordogne). Hache en bronze de La Barbignie, Cne de Villars (Dordogne). *Sté Archéologique de Bordeaux*, t. XXI, 1896, 2 p. in-8°.
52 Les gravures sur rocher de la caverne de Pair non Pair (Gironde). *Sté Arch. Bx*, t. XXI, 1896, 16 p. in-8°, 6 pl.
53 Une inscription chrétienne du VIIe siècle découverte à Teuillac (Gironde). *Sté Arch. Bx*, t. XXI, 1896, 4 p. in-8°, 1 pl.
54 Etudes d'Ethnographie. Herminettes à tranchants obliques. *Sté Arch. Bx*, t. XXI, 1896, 4 p. in-8°.
55 Cinq nouvelles gravures paléolithiques, de la Caverne de Pair non Pair, Comm. de Marcamps (Gironde). *Sté Arch. Bx.*, t. XXIII, 1898 et *Revue de l'Ecole d'Anthropologie* 1899, 1 p. in-8°.
56 Cachette de l'âge du Bronze découverte au Pouyau, Cne de St-Androny (Gironde). *S. Arch. Bx*, t. XXII, 1897, 18 p. in-8°, 2 pl.
57 Le grand sceau de l'Université de Bazas. *Soc. Arch. Bx*, t. XXIII, 1900, 1 p. in-8°.
58 Etudes d'Ethnographie. Colliers modernes pour faciliter l'émission des dents des enfants. *Sté Arch. Bx*, t. XXIII, 1900, 3 p. in-8°.
59 Une visite au Musée Pérès à Libourne. *Soc. Arch. Bx*, t. XXIII, 1900, 3 p. in-8°.

60 Etudes d'Ethnographie. Cuillères anciennes et modernes. *Soc. Arch. Bx*, t. XXIII, 1900, 2 p. in-8°.

61 La Croix de Bichet, Comm. de Tauriac (Gironde). *Soc. Arch. Bx.*, t. XXIII, 1900, 2 p. in-8°, 1 pl.

62 Les portails anciens des environs de Bourg. *Soc. Arch. Bx.*, t. XXIII, 1900, 1 p. in-8°.

63 Une fibule à arc plat. *Soc. Arch. Bx.*, t. XXIII, 1904, p. in-8°. 1 pl.

64 Un pied de roi en ivoire. *Soc. Arch. Bx.*, t. XXIII, 1902, 1 p. in-8°.

65 Gravures paléolithiques de la grotte de Pair non Pair à Marcamps (Gironde). *A. F. A. S.* Congrès de Montauban, 1902, 3 p. in-8°.

66 Le gisement quaternaire de Marignac, commune de Tauriac (Gironde). *Soc. Linnéenne de Bx.* 1903, 12 p. in-8°, 1 pl.

67 Le dolmen du Terrier du Cabut, à Anglade (Gironde)[1], *Soc. Arch. de Bx.*, t. XXV, 1904, 14 p. in-8°, 2 pl.

68 Croix pectorale en cuivre et couverture de boîte en buis. *Soc. Arch. Bx.*, t. XXVII, 1905, 2 p. in-8°.

69 Outils en calcaire du Bas-Médoc (Gironde). *A. F. A. S.*, 1905, Cherbourg, t. I, p. 354.

70 L'industrie du chocolat à bras dans le S. O. de la France. *A. F. A. S.*, 1905, Cherbourg, t. I, p. 346.

71 Excursion aux Etangs Girondins : clous de barque du Bassin d'Arcachon. *Soc. Linnéenne de Bx.* 1906, 6 p. in-8°, 1 pl.

72 La série des grottes à gravures : une main de la grotte de Castillon. *Soc. Arch. Bx.*, t. XXIX, 1907, 1 p. in-8°.

73 La vierge antique de Marcamps. *Soc. Arch. de Bx.* t, XXIX, 1907

74 Silex de retouches anormales de la station de la Bertonne ou de la Rousse à Peujard, (Gironde). *Soc. Arch. Bx.*, t. XXXI, 1909, 18 p. in-8°, 8 pl. 18 fig.

75 Un phoque en Gironde. *Bull. de la Sté Préhistorique de France.* T. 6, 1909. 1 p. 1/2.

76 Un biberon de l'époque romaine trouvé à Marcamps (Gironde). *Soc. Arch. Bx.*, t. XXXI, 1909, 1 p. in-8°.

77 Encore les silex à retouches inverses. *A. F. A. S.*, Toulouse, 1909, in-8°.

78 L'Anthropologie au Congrès de Toulouse. *Soc. Linnéenne de Bx.*, 1910-1911, 8 p. in-8°.

79 Haches en pierre polie de la Vallée de l'Arratis (Gers). *Soc. Arch. Bx*, t. XXXIII, 1911, 1 p. in-8°.

80 Une pièce d'argent d'Henri III. *Soc. Arch. de Bx*, t. XXXIII, 1911.

1. En collaboration avec M. E. Maufras.

81 Les Palethnologues disparus du Sud-Ouest, *L'Homme préhistorique*, 1912.

82 La cachette de fondeur du Moulin-Neuf à Braud (Gironde). *Soc. Arch. de Bx.* t. XXXIV, 1912, 19 p. in-8°, 2 pl. et 4 fig., et *Congrès préhistorique de France* 8e sess. Angoulême, août 1912.

83 Dents de ruminants cochées. *Congrès Préhistorique de France*, 8e session, Angoulême, août 1912, et *Société Linnéenne Bordeaux*, 1913.

84 Un moule moderne à fusaïole. *Soc. Arch. Bx*, t. XXXV, 1913, 5 p. in-8°, 1 pl.

85 Présentation d'une manille. *Soc. Arch. Bx*, t. XXXV 1913, 1 p. in-8°.

86 Recherches préhistoriques à Fongaban, St-Emilion (Gironde). *Soc. Arch. Bx*, t. XXXVI, 1914, 1 p. in-8°.

87 La nécropole de la Chapelle près Bourg. *Soc. Arch. Bx*, t, XXXII, 1914, 3 p. in-8°, 1 pl.

88 Présentation d'une hallebarde ancienne. *Soc. Arch. Bx*, t. XXXVII, 1917, 1 p. in-8°.

89 Les désenherres, polissoirs modernes. *Soc. Arch. Bx*.t.XXXVVI 1917, 11 p. in-8°, 2 pl.

90 Colletin en fer forgé, *Soc. Arch. Bx*, t. XXXVIII, 1919.

91 La grotte de l'Abbaye à Bourg. *Soc. Arch. Bx*, t. XL, 1923.

92 Un curieux silex de Pair non Pair. *Soc. Arch. Bx*, t. XL, 1923, 2 p. in-8°.

93 Une dague en fer draguée dans la Dordogne. *Soc. Arch. Bx*, t. XLI, 1924, 1 p. in-8°.

94 Herminette en jade vert trouvée à Asques (Gironde) *Soc. Arch. Bx*, t. XLII, 2 p. in-8°.

95 Un médaillon religieux du XVIIe siècle. *Soc. Arch. Bx*, t. XLIV, 1 p. in-8°.

TABLES
DES
COMPTES RENDUS, RAPPORTS, MÉMOIRES, NOTICES ET PLANCHES
du XLVe volume du Bulletin de la Société Archéologique de Bordeaux

Table des procès-verbaux et mémoires.

Table des Planches

Le Gérant : Marcel CHARROL

BORDEAUX — Imprimerie J. BIÈRE, 18-20-22, rue du Peugue — 1932

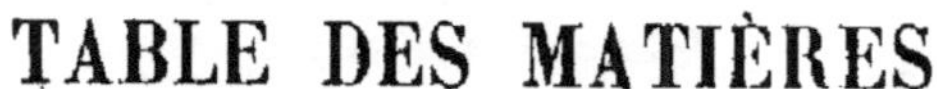

TABLE DES MATIÈRES

Le Gérant : Marcel CHARROL

www.ingramcontent.com/pod-product-compliance
Lightning Source LLC
LaVergne TN
LVHW082354160826
845678LV00008B/1834
* 9 7 8 2 3 2 9 7 4 4 5 3 7 *